오늘도 쓰는 중입니다

임보연

문학박사. 대학에서 국어국문학을 공부했다. 대학원에 입학하여서는 고전문학을 전공하고, <18세기~20세기초 여성 시회 연구>로 박사 학위를 받았다. 문학 활동 및 집단에 관심이 많아, 문화의 관점에서 문학을 공부하고 있다. 하위 주체들이 남겨놓은 글에 대한 관심도 많다. 대학 강의는 2012년도부터 글쓰기 교과목을 주로 하고 있으며, 현재 교양 대학 소속 교수이다. 학생들과 함께 글쓰기에 대해 고민하고 연구도 하고 있다.

오늘도 쓰는 중입니다

초판 인쇄	2025년 10월 20일
초판 발행	2025년 10월 30일
지은이	임보연
펴낸이	최종숙
펴낸곳	글누림출판사
편 집	이태곤 권분옥 임애정 강윤경
디자인	안혜진 최선주 김다윤
마케팅	박태훈
주 소	서울시 서초구 동광로46길 6-6 문창빌딩 2층(06589)
전 화	02-3409-2055(대표), 2058(영업), 2060(편집)
팩 스	02-3409-2059
전자메일	geulnurim2005@daum.net
등록번호	제303-2005-000038호(2005.10.5.)

ISBN 978-89-6327-766-0 03810

* 이 책의 판권은 지은이와 글누림출판사에 있습니다. 서면 동의 없는 무단 전재 및 무단 복제를 금합니다.
* 잘못된 책은 바꿔 드립니다.

오늘도 쓰는 중 입니다

―― 임보연 에세이

프롤로그

어느덧 대학교에서 학생들에게 글쓰기를 가르친 지 10년이 지났습니다. 지금도 2012년 3월, 첫 강의를 하던 날을 잊을 수 없습니다. 강의실에 앉아 있던 학생들보다 더 긴장했던 사람이 저였을 테니까요. 대학교에서의 첫 강의라는 무게감에 정장 차림을 하고, 잘 신지도 않는 높은 구두를 신고 강의실에 들어섰던, 긴장과 설렘이 공존하던 그날의 공기가 아직도 느껴집니다.

강의를 시작했던 초기에 누구보다 의욕적이고 적극적이었으며 때로는 전투적으로 강의를 했습니다. 어쩌면 학생들의 의욕보다 제 의욕이 앞서 학생들이 힘들었을 생각에 미안해집니다. 그러다 매학기 같은 강의가 반복되면서 매너리즘에 빠진 적도 있었죠. 강의를 준비하기 위해 몇 시간씩 열정을 쏟던 모습은 사라지고, '이 시간을 어떻게 때워야 하나?'라며 무기력함에 빠져 지낸 날들도 있었습니다.

그런 터널을 지나 다시 에너지를 충전하여 여전히 학생들과 호흡하며 글쓰기 강의를 하고 있습니다. 그리고 학생들과 함께 눈을 맞추며 소통하며 강의실 안에 있는 그 시간이 즐겁습니다. 시간이 흐를수록 학생들과 호흡한 경험의 산물을 글로 써봐야겠다는 생각이 강하게 들었습니다. 또 주변의 지인들도 제가 문학 전공자라는 이유로, 글쓰기 강의를 오래 해왔다는 이유로 글을 잘 쓰는 방법에 대해 종종 물어보곤 했습니다. 그럴 때마다 스스로에게 되물었습니다. '글쓰기를 잘 하는 방법이 무엇일까?'라고요. 그 후로 틈이 날 때마다, 글에 대해 궁금하고 관심 있는 사람들과 함께 나누고 싶은 이야기들을 정리하기 시작했습니다.

저는 글쓰기에 정해진 절대적인 방법(skill)은 없다고 생각하는 사람입니다. 그만큼 개성을 살려 자유롭게 쓸 수 있는 분야라고 생각하는 것이지요. 그렇지만 글을 (잘)쓰고 싶은 사람들이 기본적으로 지켜야 할, 필수적으로 갖추어야 할 내용은 있다고 생각합니다. 실제로 강의 현장에서 글쓰기에 관한 궁금증 및 질문들에는 공통된 내용들이 있었습니다. 그래서 제가 직접 글쓰기 강의 현장에서 체득한 내용들을 쉽게 정리하여 많은 사람들과 공유하면 좋겠다고 생각했습니다. 강의를 들었던 학생들과 제 지인들이 저에게 자주 물었던 질문이 무엇이었나를 곰곰이 생각하며 적기 시작했습니다.

하지만, 집필을 시작하면서 딱 한 가지 다짐하였습니다. 글쓰기 방법을 제시하고 가르치려 하지 않겠다고요. 글쓰기를 이야기하되, 나의 이야기로 전하고 싶다고 생각했습니다. 이 책은 약 10여 년간 글쓰기 강의 현장에서 느낀 것을 정리한 에세이입니다. '특별한 비법' 같이 거창한 것을 논하는 것이 아닌 아주 기본적인 내용들, 그렇기에 우리가 때때로 잊는 것들을 중심으로 '이야기'하였습니다. 이미 많은 글쓰기 책들이 유통되고 있지만, 저의 개인적인 경험과 강의 현장에서 공통적으로 느낀 것들을 함께 적어 내려갔습니다.

제 삶의 일부분인 글쓰기, 그래서 제 삶에 녹아있는 글쓰기에 대한 이야기를 독자들과 나누고 싶습니다. 우리가 이미 알고 있는 내용이지만, 잠시 잊었던 요소들을 다시 내 안으로 불러일으키는 시간이 되었으면 좋겠습니다. 많은 독자들이 이야기를 접하듯 쉽게 읽으면서도 실생활에서 도움이 되길 바랍니다.

사람이 살아가면서 자신을 표현하는 수단은 말과 글, 이 2가지입니다. 살면서 떼려야 뗄 수 없는 것이 말과 글입니다. 말하지 않고 살거나, 쓰지 않고 살기는 어렵습니다. 이 책을 통해서 독자들이 각자의 삶에서 글쓰기와 한 발자국 가까워지길 바랍니다.

목차

프롤로그   5

Part I. 써보기로 했습니다

책, 최초의 기억	13
진지하게 책 선물 고르기	15
서점은 우리의 놀이터	17
완벽한 나들이 코스	19
글쓰기와의 첫 만남?!	21
책 벌레 VS 평범한 아이	23
어쩌다 국문과	26
현.비.연.	30
'어쩌다'에서 '여전히'로	32
끄적이게 만든 한마디	34
글쓰기에 대한 공포를 날려버리기	37
글쓰기 기초 근력 만들기	40

Part II. 오늘도 쓰는 중입니다

잘 부르는 노래, 잘 쓰는 글쓰기	45
나의 목소리로, 나의 언어로	49
공감하는 사람, 공감하는 글쓰기	53
읽기부터	56
옛 선비들의 독서법	59
메모는 내 친구	62
옛 선비의 일기	68
세 살 버릇 여든까지 가기 전에	72
한 글자 한 글자 소리 내어	76
가장 쉬운 단어로, 가장 쉬운 문장으로	80
SNS가 남긴 흔적	83
SNS으로 기록하기	87
지적인 SNS 사용을 위하여	92
길 위의 단어들	96
전공자들의 잡담	100
이메일 쓰기도 배웁니다	103
추상적인 생각이라도 구체적으로	106
잽을 날리듯	108
수정하고 또 수정하고	112
관찰하는 사람	116
놀이가 될 수는 없을까?	119
도서관, 그곳에서는 꿈을 꿀 수 있다	122

Part Ⅲ. 내일도 쓰겠습니다

쓰는 게 좋아서   129

글쓰기를 배우지 않는 현실   131

더 빛나는 나를 위하여   134

더 빛나는 인생(삶)을 위하여   137

락(樂)을 위하여   140

완벽하지 않으면 어떠한가   142

노력이 쌓여 실력으로   145

학생들과 함께 성장하는 중   147

네버엔딩 글쓰기   150

에필로그   154

Part I.

써보기로 했습니다

책, 최초의 기억

 나의 글쓰기는 언제부터 시작되었을까? 언제부터 책을 좋아했을까? 나는 언제부터 책을 읽고, 글을 쓰는 것을 좋아했을까? 아주 어릴 적, 어머니가 도서 방문 판매원을 하던 시절이었을까? 내가 어릴 때에는 집집마다 초인종을 누르며 아동 도서 판매를 위해 방문을 하는 사람들을 종종 볼 수 있었다. 그 당시만 해도 책뿐만 아니라 화장품, 우유, 주스 등 방문 판매가 활발히 이루어진 때이기도 했다. 지금이야 남의 집 초인종을 누르는 일이 거의 없고, 누가 우리집 초인종을 누르면 '누구지?'하고 경계심이 생길 수도 있겠지만. (아파트 메인 현관문에서 호출을 누르지 않으면, 우리집 현관문까지 올 수가 없다. 요즘 신축 아파트는 아파트 자체에 울타리를 치고 출입문에 비밀 번호 또는 카드를 찍어야 들어갈 수 있기도 하더라.) 전집을 판매하기 위한 방문 판매는 요즘엔 볼 수가 없는데, 백화점이나 쇼핑몰의 아동복 층에 가면 한 쪽에 이와 같은 회사들이 자리를 잡고 홍보 및 판매를 하는 것을 종종 보았다. 아무튼 어릴 적 방문 판매를 통해 집에 책을 전집으로 구매하는 일이 꽤 있었고, 잠시 그 일을 하셨던 어머니 덕에 우리 집 책장에는 전집이 꽤 꽂혀있었다. 나이대별로 읽어야 할 책들이, 한 살 한 살 먹을 때마다 책장에 추가되고는 했다. 그 책들 중 일부는 읽었고, 일부는 읽지 않은 채 책장에 진열되어 있었다. 책장에 있는 모든 책을 전부 읽지는 않았어도 책장에 가득 꽂혀 있는 책을 보면 기분이 좋았다. 장점 중에 하나는 모든 책을 읽지 않는다 해도, 책을 읽고 싶을 때 원하는 책을 골라서 볼 수 있다는 것도 즐거움이었다. 아마도 '책'을 떠올렸을 때, 내 머릿속에서 최초의 기억으로 남아있는 것이 이때였던 것 같다. 책장에 주기적으로 빼곡하게 채워지던 책들. 그 책들을 번호 순서대로 책장에 정리하고, 골라서 펼쳐보던 어린 시절. 이때가 여덟아홉 살 때 즈음이었으리라.

진지하게 책 선물 고르기

어릴 적을 떠올려보면 어떤 이유에서인지는 모르겠지만 책을 가까이 하고 있었다. 앞의 이야기에서 쓴 것처럼, 어머니가 집에 책을 잔뜩 사다 놓았기 때문인지, 아니면 책을 좋아하는 기질로 태어난 것인지…? 하지만 이렇게 이야기하는 것이 책을 많이 읽었다는 뜻이 아니다. 책에 대한 거부감이 없었다는 것 정도? 초등학교 시절, '책'을 생각하면 떠오르는 기억이 5가지 정도 있다. '방문 판매를 하셨던 어머니와 전집'에 관한 이야기는 앞에서 했고, 두 번째 이야기가 선생님의 선물을 고르던 날의 이야기이다.

열 살 무렵, 초등학교 3학년 때였던 것 같다. 여름 방학을 맞이해 친구들과 함께 선생님 댁에 놀러가기로 한 날이었다. 내가 초, 중학교를 다니던 때에는 방학 때 선생님 댁에 초대를 받아 놀러가는 길이 종종 있었다. 요즘은 이와 같은 일이 낯설게 느껴질 수 있겠지만 그때는 그랬다. (참고로, 다도(茶道)를 처음 접한 것도 중학교 때 선생님 댁에 놀러 가서 선생님으로부터 다도 문화를 배웠다. 나의 학창 시절을 돌이켜보면, 선생님 댁에 종종 놀러가서 새로운 경험을 많이 했었다. 선생님 덕분에 처음 먹어본 화과자… 그리고 또 아파트에서만 살았던 나는 선생님 집 방문 덕에 처음 가 본 주택.. 등등) 친구들과 나는 선생님 댁에 가기 위해 만났고, 먼저 서점에 들렀다. 그곳에서 우리는 선생님께 선물로 드릴 책 한 권을 골랐다. 그때 우리가 왜 선물로 '책'을 정했는지, 뚜렷하게 기억나지는 않지만 선생님이 책을 굉장히 좋아하셨던 것 같다. 우리가 기억하는 선생님의 모습은 책을 좋아하셨고, 그렇다면 선생님의 선물로 '책'이 가장 좋은 선물이라고 생각을 했던 것 같다. 내가 그날을 떠올리면 가장 강렬하게 기억에 남아있는 것은, 그때 책을 받아 든 선생님의 모습보다 서점 안에서 책을 고르던 우리들의 모습이다. 동화책이 아닌 (어른들만 본다고 느꼈던) 일반 소설책들의 제목과 목차, 작가 소개를 유심히 살펴보며 어떤 책이 더 좋을까 신중하게 책을 고르던 나와 나의 친구들……. 나는 꽤나 진지하게 책의 제목과 작가 이름, 목차를 훑어보았다. 10살밖에 안 된 어린이가 뭘 안다고 그렇게 진지하게 작가 설명과 제목을 읽어보며 고민했는지…… 우리가 어떤 기준으로 책을 골랐는지는 기억이 흐릿해졌지만…… 지금 생각하니 귀엽다. 그리고 그때 우리가 샀던 책은 공지영 작가의 '고등어'라는 소설이었다. 이때가 처음 공지영 작가의 이름을 접한 순간이었다. 우리가 먹어본 익숙한 생선 이름이 소설 책 제목이라 그 책을 골랐던 게 아닌가라는 생각이 스친다…

서점은 우리의 놀이터

일주일에 한 번은 같은 반 단짝 친구 윤영이와 하교 후에 서점에서 만났다. 학교 정문을 나서면서 우리는 "점심 먹고 2시에 대동서점 앞에서 만나자."라고 말했다. 나는 초등학교 시절 경기도 안양시의 호계동에 살았다. 내가 살던 동네에는 호계시장이 있었는데, 시장의 여러 입구 중에서 우리 집이 있던 쪽에서 시장에 진입하여 반대편 시장 끝까지 가면 큰 길가에 대형 서점이 하나 있었다. 그때의 어린 아이의 눈에는 대형 서점으로 기억하고 있는데, 정말 대형 서점이었는지는 모르겠다. 동네에서는 가장 큰 서점이었고, 규모가 컸던 만큼 책도 아주 많았다. 나와 윤영이는 학교 수업을 일찍 마치는 날이면, 오후에 서점 앞에서 만나자는 약속을 자주 하였다. 핸드폰도 삐삐도 없던 시절이라, 학교에서 약속을 하면 정해진 시간과, 정해진 장소에 나가 있어야 했다. 각자 집에서 점심을 먹고 서점에서 다시 만난 우리는 약 2시간쯤 각자 자신이 보고 싶은 책을 보다가 집으로 돌아갔다. 서점 안에는 카테고리별로 책이 정리가 되어있는 동시에, 공간의 단차가 있었다. 단차가 있는 구조 덕분에 중간중간 걸터앉을 수 있어서, 우리는 한 쪽 구석에 앉아 보고 싶은 책을 마음껏 보았다.

동네 서점에 가서 각자 보고 싶은 책을 보는 것, 그것이 그 친구와 나의 놀이였다. 동네 서점을 도서관처럼 들락날락한 것이다. 지금도 그 친구의 얼굴이 선명하게 기억난다. 안경을 쓰고 아주 똘망똘망하게 생겼고 (실제로 똘똘했던 기억이 있다.), 'ㅅ' 발음을 할 때 독특하게 새는 소리가 매력적이라고 느껴져서, 책을 읽을 때 일부러 그 친구의 'ㅅ'발음을 따라했었다. 지금은 어디서 어떻게 살고 있는지 모르지만, 글을 쓰다 보니 궁금하다. 책을 좋아했던 단짝 친구 덕에 '서점'을 놀이터 삼아 놀러 가곤 했던 것 같은데, 지금 생각하면 그 서점 주인분께 죄송스런 마음이 크다. 그리고 그 분은 마음씨가 참 좋으셨던 것 같다. 도서관처럼 드나들면서 구입은 안 하고 책만 보고 나가는 두 꼬맹이를 나무란 적이 없으셨으니까…

완벽한 나들이 코스

 도서관에 대한 선명한 기억이 있다. 나는 삼남매 중에 장녀로 여동생과 남동생이 있다. 남동생과는 9살 터울이라, 그때는 아직 남동생이 태어나기 전이었고, 여동생과 함께 엄마의 왼손과 오른손을 한쪽씩 잡고서 동네의 도서관으로 놀러갔던(그 시절 나에게는 놀러가는 것이었다) 기억이 선명하다. 동네 도서관이라고 하기에는 조금 먼 거리인데, 우리는 주로 걸었다. 날이 화창한 오후에, 도서관까지 걸어가는 약 20분 정도의 시간. 그리고 도착해서는 엄마와 동생, 그리고 나는 각자 읽고 싶은 책들을 꺼내보았다. 엄마는 엄마대로 책 읽기를 하였고, 나는 나대로, 동생은 동생대로 읽고 싶은 책들을 이것저것 꺼내보았다. 그렇게 한참을 각자 책을 읽다가(혹은 보다가) 마지막 코스는 언제나 도서관 안에 위치한 매점이었다. 매점에서 과자나 아이스크림을 사서 손에 들고 먹으며 집으로 돌아왔다.
 나에겐 너무나 즐거운 기억으로 남아있다. 어쩌면 그때의 나는 도서관 안에 있던 매점에 가는 재미로 쫄래쫄래 엄마 손을 잡고 도서관을 갔던 것이 아니었을까. 앗, 지금 생각해보니 우리 엄마가 큰 그림을 그리고 있었던 것일까. 간식 먹는 재미로라도 책을 친근하게 여기길 바라고 도서관에 데려갔던 것일까. 도서관에서 책 읽다가 도중에 책장을 덮는 순간에도 엄마는 끝까지 읽으라는 잔소리를 한 적이 없다. 그 공간에서 우리 셋은 각자 자기의 방식대로, 각자의 취향대로 도서관이라는 공간을 누렸다.

글쓰기와의 첫 만남?!

앞서 쓴 이야기들은 지금도 기억이 선명하다. 그렇다면 원래부터 책을 좋아했던 것일까? 책을 좋아해서 서점도 가고, 도서관도 가고 책 읽는 것을 즐겨했던 것일까? 그건 아니다. 그때의 나는 책을 좋아하기보다는, 단순하게 서점이나 도서관을 놀이의 공간으로 생각했을 뿐이었다. '놀이터'였을 뿐, 어린 나에게 서점이나 도서관은 그 이상도 이하도 아니었던 것이다. 왜냐하면 어릴 적 시간들 속에 인상 깊게 남아있는 추억의 일부분인 것은 분명하지만, 성장하면서 단 한 번도 문학을 공부하고 싶다거나 글 쓰는 사람이 되고자 하는 생각을 한 적이 없었다. 그리고 나에게 글 쓰는 재능이 있다고 생각해보지 못했다. 오히려 내 꿈은 전혀 다른 곳에 있었다. 그것도 무려 초등학교 5학년 때부터 고등학교 1학년 때까지 꿈이 바뀐 적이 없었다. 검사가 되겠다는 꿈을 갖고, 중학교 3년, 고등학교 1학년 때까지는 법대 진학을 목표로 공부를 했었다. 오로지 한 곳만 바라보며 학창 시절을 보내왔다. 하하..

글쓰기와 나와의 첫 만남이 정확히 언제였는지는 모르겠지만, 적어도 어릴 적 책과 관련된 에피소드들을 좋은 기억으로 간직하고 있기에 글을 읽고 쓰는 데에 거부감은 없었던 것 같다. 책을 많이 읽는 '책벌레'는 아니어도, 책이 늘 가까이에 있었고, 책을 들쳐 보는 일을 놀이로 여겼던 아이, 책이 있는 공간과 책 냄새를 좋아했던 아이……. 그렇게 책은 나에게 일상처럼 자연스럽게 스며들고 있었다.

책 벌레 VS 평범한 아이

 초등학교 5학년 때, 우리 반에는 책을 아주 좋아하는 여자 아이가 있었다. 물론 나는 아니다. 나는 학교에 일찍 등교하는 편이었는데, 그 친구는 늘 나보다 먼저 와 있었다. 매일 아침 집 근처에서 친구와 만나 손을 붙잡고 교실에 들어서면 그 친구는 항상 자신의 자리, 교실의 정중앙에 앉아 책을 읽고 있었다. 우리는 그 옆에서 쫑알쫑알 수다를 떠는 아주 평범한 어린이에 불과했다.
 지금은 얼굴도 이름도 기억나지 않지만, 그 장면만은 선명하다. 아마 어느 날 담임선생님의 한 마디 때문이었을 거다. 어느 날 선생님께서 평소보다 일찍 교실 문을 열고 들어오셨다. 교실 안에는 나와 나의 등교메이트, 그리고 다른 한 친구(늘 독서하는 친구). 이렇게 3명뿐이었고, 늘 그랬던 것처럼 나와 친구 한 명은 재잘재잘 떠들고 있었으며 다른 한 친구는 책을 읽고 있었다.

"너네도 맨날 수다만 떨지 말고 ○○처럼 책 좀 읽어라."

순간 멍…했다. 그리고 친구가 읽고 있던 그 책에 내 시선이 닿았다. 김동인의 『감자』. 무채색에 작가의 이름과 제목만 쓰여 있었는데, 참 재미없어 보였다. 그 친구가 읽고 있던 책 안쪽에는 그림이라고는 하나도 없이 검정색의 작은 글씨가 아주 빽빽했다. 주로 동화책에 가까운 책들을 읽고 있던 12살의 나에겐, 참 지루하고 재미없고 딱딱해보였다.

'어려운 책을 읽는구나. 대단한 친구야.'

벌써 어른들이 읽는 책처럼 보이는 어려운 책을 읽다니, 대단한 친구라고 생각했다. 그래도 나의 생활은 크게 달라지지 않았다. 여전히 나는 글씨가 더 크고, 그림이 섞인 책들을 주로 봤으니까. 내가 가장 좋아하는 책은 문학적으로 우수한 평가를 받는 책이 아닌, 그 당시에 유행했던 시리즈로 나오던 로맨스소설(?)이나 그림이 섞여 있는 책이었으니까. 그리고 어느 날 그 친구의 집에 놀러 가게 되었는데, 한 번 더 크게 놀랐다. 거실에 TV가 없었고, 거실이 전부 책으로 가득 차 있었다. 요즘에는 거실에 TV가 없는 집들도 많다. 교육상의 이유로, 단지 TV시청을 즐겨하지 않아서, 인테리어를 위해서 등의 저마다의 다양한 이유로. 하지만 그 당시에는 거실에 TV 없이, 책장으로 에워싼 집은 흔하지 않았다. 그 당시 내가 가 본 친구들 집 중에서 거실 자체가 도서관이었던 집은 그 집이 유일했다. '뭐야, 얘는 집에서 TV도 안 본단 말이야?' 나는 주말 아침마다 TV에서 방영되던 만화 영화의 오프닝 주제가를 들으며 눈 비비며 일어나고 있는데…! 학교에서 매일 책만 보던 그 아이는 일상조차도 나와 다르다고 생각했다. 그 순간 책 읽는 것이 너무 재미있다며, 친구가 한 마디를 툭 내뱉었다.

"책을 읽다가 책상에 엎드려서 잠이 든 적이 있었는데, 책의 뒷이야기 내용을 꿈으로 꾸게 되었어. 너무 흥미진진하고 재미있어서, 깨고 싶지 않더라니까."

응? 이건 또 무슨 소리? 그날 그 친구 집에서 무엇을 하며 놀았는지, 어떤 간식을 먹었는지는 30년이 훌쩍 지난 지금은 전혀 기억에 없다. 오직, 거실에 가득했던 책들과 책의 이야기를 꿈속에서 만난다는 친구의 목소리만 기억에 있을 뿐이다. 지금 생각해도 놀라운 12살 소녀의 이야기이다. 그에 비해 나는 지극히 평범했던, 글자만 가득한 것보다는 그림이 있는 책을 좋아하고, TV시청을 좋아하는 12살 소녀였다. 책보다 TV가 더 좋은 걸. 될성부른 나무는 떡잎부터 알아본다는데…… 난 틀렸구나.

어쩌다 국문과

나의 어린 시절을 떠올리면, 뭔가 책과 가까운 듯 가깝지 않은, 글쓰기와 가까운 듯 가깝지 않은 거리를 유지하며 지냈던 것 같다. 흔히 책을 좋아하는 아이들에게 붙는 별명이었던 '독서벌레'나 '책벌레'라는 말을 들어본 적이 없었다. 그런데, 학교를 다니며 독후감 숙제나 교내 글짓기 대회에 나가면 상을 받는 일은 꽤 있었다. 타고난 기질이 성실한 편이라 그냥 해야 하는 상황이 생기면 하긴 했는데, 스스로 엄청난 흥미와 관심을 가지고 있었던 것은 아니었다.

평범하게 초등학교, 중학교를 보내던 내가 글쓰기에 관심을 갖게 된 것은 아마도 고등학교 때인 듯하다. 물론, 초등학교 때 백일장 대회나 독후감쓰기 대회 등 글짓기 대회에서 상을 탄 적도 있기는 하지만 자발적으로 했다기보다는 숙제를 하는 느낌이었다. 선생님이 해오라고 하니까, 엄마가 하라고 시키니까.

고등학교 때 입시를 준비하면서 나는 정시보다는 수시 준비에 초점을 맞추고 있었다. 모의고사보다는 내신 성적이 좋았기도 했고, 논술을 잘한다는 담임선생님의 견해도 있었다. 당시 사설 기관에서 시행하는 논술 모의고사를 치르면 전국에서 손에 꼽히는 등수가 찍힌 채점표를 받고는 했다. 담임선생님은 논술 전형으로 대학 입시 전략을 짜보자고 했고, 논술 대비를 하고 그렇게 수시로 대학 합격을 했다.

아마 그때 처음으로 '내가 글 쓰는 것에 소질이 있나?'라는 생각을 어렴풋이 했던 것 같다. 그리고 어쩌다보니, 대학 진학도 국어국문학과로 했다. 정말 '어.쩌.다.보.니.'였다. 앞에서도 말했던 것처럼, 문학도가 되겠다는 생각을 해본 적이 없었기 때문이다. 내가 국어국문학과로 입학을 했던 건, 고등학교 때 선생님이 글을 잘 쓴다고 했던 것 때문이었다. 선생님이 국어국문학과에 입시 원서를 쓰자고 하셨기 때문에. 앞에서 언급을 했었지만, 나는 초등학교 5학년 때부터 고등학교 1학년 때까지 6년간 법조인이 꿈이었다. 그래서 지금도 법조계를 소재로 한 드라마를 좋아하고 거의 다 챙겨본다. 드라마와 현실은 다르겠지만. 하하.

우연히 입학한 국어국문학과에는 전국에서 글 좀 쓴다는 친구들이 넘쳐났다. 특히, 내가 입학한 우리 학교 국문과는 현대 문학, 즉 소설 창작이나 시 창작이 유명한 학과였다. 그래서 동기나 선후배들 중에는 '문예창작 특기생'이라는 전형으로 입학한 친구들도 여러 명 있었고, 글로 주목

받는 친구들도 있었다. 그러나 나는 창작에는 전혀 관심이 없었고 소질도 없었다. 단지 책을 읽고 내 생각 정도를 표현하는 것이 좋았을 뿐, 소설가가 되겠다거나 시인이 되겠다는 생각조차 해본 적이 없었다. 그래서 전공 수업 중 〈시 창작 연습〉, 〈소설 창작 연습〉 등과 같은 창작 수업은 모두 피해 다녔다.

솔직하게 고백하자면, 대학교 1학년 때의 상처로 창작 수업을 피해 다녔다. 현재 우리나라 대학교에는 교양 필수 교과목으로 글쓰기 교과가 있는 것처럼, 내가 입학했던 때에도 1학년 교양 필수 과목으로 〈글쓰기〉가 있었다. 듣고 싶은지 아닌지와 상관없이, '필수 과목'이었기에 당연하게 입학과 동시에 수강을 하게 되었다. 동기 한 명과 같이 수업을 들었다. 글쓰기 수업이라는 것이, 가르치는 선생님의 전공에 영향을 많이 받는 과목이다. 문학 전공자라 하더라도, 현대 문학 전공자는 주로 수업 시간에 예문으로 현대 소설이나 현대 시 등을 사용하고, 그러한 관점에서 바라본다. 외국어 문학을 전공한 선생님이 수업을 한다면, 수업 시간에 주된 예문들은 외국 소설일 가능성이 높다. 내가 수업을 들었던 선생님은 현대 문학 전공자였는데, 한 학기동안 했던 것 중에 기억에 남는 두 가지가 있다. 하나는, 조지오웰의 『동물농장』을 읽고 조원들과 함께 토론했던 것과 다른 하나는, 동시(童詩)를 써오라는 것이었다.

어느 날 과제물로 〈동시〉를 써오라고 하셨다. 나 나름대로는 열심히,

고민하며, 동시 한 편을 완성하여 제출했다. 그때 뭐라고 썼는지 구체적인 기억은 나지 않지만, 분명하게 기억나는 건, 같이 수업을 들었던 내 동기와 나를 비교하셨다는 것이다. 내가 쓴 시에 대해서는 유치하다고 평가하셨고 잘 쓴 시가 아니라고 하셨다. 반면에, 내 동기의 시에 대해서는 잘 썼다며 다른 학생들 앞에서 발표를 하게 하셨고 칭찬 일색이었다. 문제는 그 뒤 설명이 없었다는 것이다. 어떤 부분에서 유치하다고 평가를 하셨는지, 어떤 이유 때문에 잘 쓰지 못했다고 하신 건지 듣지 못했다.

친구의 시를 다시 봐도, 어느 부분에서 내가 유치하고 그 친구가 잘 쓴 것인지 이해할 수 없었다. 그렇게 이유를 듣지 못한, '유치하고 잘 쓰지 못한 내 시' 때문에, 그 후로 글쓰기가 싫어졌다. 시를 읽는 것은 좋아했지만 시 쓰기는 두려워졌다. 국어국문학과를 다니고 있었지만, '창작하는 일만큼은 정말로 피하고 싶었고, 진짜로 졸업할 때까지 피해 다녔다. 다행히도 창작 과목들은 전공 선택 과목이었기 때문에 창작 수업 대신 다른 수업들로 학점을 채워 졸업을 했다. 아마 1학년 때 그런 경험을 겪지 않았더라면, 혹은 칭찬을 받았더라면 소설가가 되었거나 시인이 되었을 수도 있지 않았을까…

현.비.연.

특기생들 사이에서 학교를 다녔던 나는 정말 평범한 대학생이었다. 무엇인가 뛰어나거나 주목받을만한 재능이 없었다. 20대 초반 그저 소설책 읽는 것을 좋아했으며, 입학 후 선배의 권유에 따라 소설을 읽고 비평을 하는 학회 활동을 했던 것이 전부였다. 아마 이때 많은 소설들을 섭렵했던 것 같다. 매주 수요일 저녁 6시, 현대소설비평연구회. 줄여서 우리는 '현.비.연.'이라고 불렀다. 문과대의 한 강의실에 선배들과 동기들과 함께 둘러앉아 한 주간 읽은 소설에 대해 발표도 하고 토론도 하였다. 학기 초 한 학기동안 읽을 소설의 목록을 정하고, 발제자도 정하였다. 발제자는 소설을 읽고 비평문을 작성해오고 나머지는 모두 책을 읽고 만났다. 학회라는 거창한 이름표를 달고 있지만, 쉽게 말하면 일종의 독서 모임 같은 것이었다. 매주 수요일 저녁, 강의실에 둘러앉은 우리는 소설에 대해, 그 소설을 쓴 작가에 대해 신랄하게 비판하기도 하고, 자신의 소설 취향을 공유하기도 하였다. 그때가 한창 김영하, 황석영, 박민규, 하성란 등의 작가에 빠져있을 때였다. 우리는 모여 앉아, 황석영의 문체에 감탄하기도 했고, 박민규의 위트 있는 내용에 흠뻑 빠지기도 했으며, 하성란의 충격적인 소재에 대해 이야기를 나누기도 했고, 한 선배의 김영하에 대한 팬심을 듣기도 했다. 연예인을 좋아하는 것처럼 김영하 작가에게 푹 빠져 열변을 토해내던 선배가 갑자기 떠오른다. 지금도 가끔 매주 수요일 저녁마다 소설을 읽고 작성한 비평문을 가지고 선후배들이 둘러 앉아 토론을 하던, 풋풋했던 나의 모습이 그리워질 때가 있다. (현비연 선배, 동기, 후배들은 잘 지내고 있나.) 아마 이때가 현대 소설을 가장 많이, 다양하게 읽었던 시기였던 것 같다. 지금도 소설과 시를 읽고 싶어서 종종 학교 도서관에서 빌리거나 구입하는데, 빌려둔 책은 연구실 책장에 쌓여있거나 구입한 책은 집의 책장에 고이 꽂혀있는 일이 비일비재하다. 핑계일 테지만, 전공 서적을 읽기에도 시간이 부족하니 자꾸 뒷전으로 밀린다… (대학원에 진학하면서는 고전문학을 전공으로 선택해 예전처럼 현대 소설이나 시를 읽을 시간이 많지 않다.) 학부를 다니면서 여러 문학 작품들을 읽는 것이 재미있었고, 전공 수업들도 모두 재미있었다. 현대 문학 뿐만 아니라, 고전 문학, 국어학, 한국어학. 각각의 세부 과목들의 매력에 빠져 모든 과목을 재미있게 수업을 들었다. 그렇게 대학교를 다니던 어느 날, 4년 후 졸업을 한다고 생각하니 4년간의 공부가 너무 짧다는 생각이 들었다. 이렇게 졸업하기엔 너무 아쉬웠다. 그래서 좀 더 깊이 공부해보기로 했다.

'어쩌다'에서 '여전히'로

대학교 4학년간의 공부가 너무 짧고 얕다고 생각한 것이 지금의 나를 있게 했다.

대학교 2학년 때 즈음 졸업하고 어디 가서 "국문과를 졸업했습니다." 혹은 "국문과 출신입니다."라고 말하기가 부끄럽다는 생각을 했다. 대학원에 입학해서 공부를 더 해보고 싶다는 생각을 했다. 그래서 대학원에 입학했고, 그때부터 본격적인 글쓰기가 시작되었다.

그리고 공부를 계속하게 된 결정적인 이유가 하나 더 있는데, 학과 교수님 중 한 분의 말씀 때문이었다. 2학년 때, 수업이 끝나고 나와 문과대 건물 2층을 지나가다, 우리 과 교수님 중 한 분을 마주쳤다. 나는 "안녕하세요."라고 인사를 드렸다. 그런데, 교수님께서 한마디를 툭 던지셨다.

"앞으로 공부를 하면 아주 잘 하겠어. 열심히 하렴."

그때 교수님과 나의 대화는 이 짧은 대화가 전부였다. 그런데, 이상하게도 그때의 그 한마디가 엄청 큰 힘이 되었다. 계속 공부를 하고 싶다는, 해야겠다는 생각을 더 단단하게 만들었고, 또 잘 할 수 있을 것만 같았다. 그렇게 대학원에 가겠다는 결정에 대해서 더 굳건하게 마음을 먹었고, 2년 간 대학원 진학을 위해 부모님과 싸우기도 하고 설득을 하기도 하고, 결국 설득을 하는데 성공하여 석사 과정에 입학하였다.

만약, 대학원에 입학하지 않았다면, 어쩌면 나는 지금 전혀 다른 삶을 살고 있을지 모른다. 국문과를 졸업했지만, 책을 읽고, 글을 쓰는 것과는 전혀 다른 분야에서 일을 하고 있을지도 모른다. 문학을 전공했지만, 책을 가까이 두지 않는 삶을 살고 있을 가능성이 높았을 것이다.

앞에서 이야기한 교수님은 나의 석사 과정을 지도해주신 은사님이시다. 대학원에 다니던 중, 어느 날 선생님과 대화를 나누는데, 선생님께 먼저 위의 일화를 꺼내신 적이 있어서 깜짝 놀란 적이 있다. 나 혼자 기억하고 있는 소중한 이야기라 생각했는데, 선생님께서도 그날의 일을 여전히 기억하고 계시다는 사실에 놀랐다. 선생님이 그때 해주신 한마디가 진짜 진심으로 나에게 해준 말이라는 사실을 한 번 더 느끼며 가슴 뭉클해지는 순간이었다. 그때 그 한마디로 인하여, 나는 지금도 여전히 공부하는 중이다.

끄적이게 만든 한마디

대학원 시절을 떠올리면, 아직도 생생한 기억이 있다. 대학원에 막 입학했던 당시에, 그동안 써보지 않았던 '논문'이라는 것을 써야 해서 매우 막막했다. 요즘은 '학술적 글쓰기'라는 이름으로 학부 1·2학년들을 대상으로 하는 글쓰기 강의에서도 많이 가르치고 있다. 현재 재직하고 있는 대학에서도 1학년 학생들의 필수 과목으로 글쓰기를 가르치면서 '보고서 쓰기'의 범주 안에서 논문 쓰기를 다루고 있는데, 학생들이 매우 어려워한다. 하지만 나는 학부 과정 중에 학술적인 글쓰기를 배운 적이 없었고, 대학원에 입학해서야 본격적으로 학술적인 글쓰기를 처음으로 마주했다. 그때의 나는 그동안 써보지 않은 장르의 글쓰기를 하려니까 어디서부터 어떻게 시작해야 할지 막막하기만 했던 것이다. 그래서 한동안 제본이나 복사를 한 논문 뭉치들을 잔뜩 들고 학교 안을 배회했다. 해결되지 않는 짐처럼, 늘 가방을 메고 손에는 복사한 논문을 잔뜩 들고 다녔다.

그러던 어느 날, 학교 운동장을 지나다가 친한 교수님을 마주쳤다.

"너 뭘 그렇게 들고 다니냐?"

"논문 써야 해서 읽으려고 복사한 논문들이에요. 논문을 써야 하는데, 잘 안 써져요…"

라고 말하자, 교수님께서 말씀하셨다.

"일단 써. 알아야 쓰는 게 아니라, 쓰면서 아는 것이다."

그 순간, '아..!'하고 멍해졌다. 어찌 보면, 당연한 말인데, 머릿속으로만 계속 생각만 하고 쓰지 못하고 있던 나에게는 사이다처럼 뻥 뚫어준 한마디였다. 머릿속으로는 수백 번도 더 생각하고 또 생각하고, 정리가 안 되니까 스트레스만 쌓여가던 중이었다. 그렇다. 나는 오직 머리로만 해결하려고 했던 것이다. 나는 글을 쓸 때 머릿속으로 기본적인 구상을 한 후에, 글을 쓰는 습관이 있었다.

그날 이후로, 일단 끄적이기 시작했다. 생각나는 대로, 생각이 날 때마다, 조각 글이어도, 메모이어도, 어떤 형태의 글일지라도. 일단 쓰기 시작했다. 그날 이후 내 컴퓨터에, 핸드폰에, 노트에, 수많은 글 조각들이 생기기 시작했다. 엉성하더라도, 논리적이지 않더라도, 그렇게 끄적였던 많은 글 조각들이 생기자 서로서로 연결 고리가 생기기 시작했다. 그렇게 서툴고 완벽하지는 않았지만, 어쨌든 첫 번째 글을 완성할 수 있었다.

이 이야기는 논문에만 해당하는 것은 아니다. 모든 종류의 글쓰기에 적용할 수 있는 이야기이다. 학생들에게도 자주 "일단 쓰세요.", "생각나는 대로 메모를 많이 하세요.", "우리는 망각의 동물이기 때문에 그때그때 적어두어야 해요.", "조각 글이어도 괜찮아요." 등의 이야기들을 많이 한다.

그렇다. 글쓰기는 글'쓰기'다. 써야 한다. 물론 쓰기 위해서는 생각해야 한다. 생각의 조각들이 잊히기 전에 쓰는 것. 그것이 글쓰기에서는 꼭 필요한 일이다. 글을 쓸 때, 머리를 쓰기도 해야 하지만, 손도 같이 써야 한다. '손'의 중요한 역할을 잊어서는 안 된다. 시시때때로 끄적여보자. 하얀 색 종이 위로 토해내야 비논리적인 것을 발견할 수도 있고, 토해내야 다듬을 수 있다. 하얀 종이 위, 하얀 모니터 위의 흔적이 존재해야 이들을 고리를 만들어서 연결하고, 배치할 수 있는 것이다. 우리가 계속 끄적이다보면, 어느 순간 사소한 끄적임들이 강력한 힘을 발휘하는 때가 오지 않을까? 그 당시 선생님께서 해주신 말 한마디 덕분에 여전히 끄적이는 사람으로 살고 있다. 그래서 가방에는 늘 작은 노트와 펜이 들어있다. 핸드폰의 메모 기능을 이용하기도 하지만, 여전히 손으로 적는 메모를 좋아한다. 혼자 생각하다가, 혹은 누군가와의 대화 중에도 사소한 생각이 스칠 때면, 습관처럼 늘 펜을 꺼내 적는다. 끄적끄적……

그리고 글이 써지지 않을 때마다 늘 스스로에게 외친다.

"일단 써."

글쓰기에 대한 공포를 날려버리기

문장이든 단락이든 한 편의 완성된 글이든 간에, 쓰기 위해서 필요한 일은 친해지는 일이다. 꼭 친해지진 않더라도 싫어하거나 두려워하는 감정으로부터 벗어나면 좋지 않을까? 글쓰기 하면 어떤 단어가 가장 먼저 떠오르는가? 공포, 두려움, 막막함, 쓰기 싫다, 어렵다 등등. 아니면 혹시, 신난다, 재미있겠다, 빨리 쓰고 싶다……?

약 15년간 만난 많은 학생들이 환희의 감정보다는 공포의 감정을 토로했다. 물론, 글쓰기를 매우 좋아하거나, 스스로도 쓰는 것을 취미 삼고 있는 학생들도 있지만 비율상 많은 학생들이 글쓰기를 하라고 하면 어렵고 막막하고, 심하게는 공포를 느끼기도 했다. 어느 학기에는, 학기 초 발표 시간에, 발표를 하러 교실 앞에 나와 발표는 하지 않고, 엉엉 우는 학생도 만나봤다. 교탁에 나와 서서 갑자기 울음을 터뜨려 많이 놀라고 당황했었다. 발표를 시킨 선생인 나 때문에 운 것 같아서, 그 학생에게는 한동안 많이 미안했다. 실제로 나의 수업을 들었던 학생들 중에서 〈글쓰기를 좋아했던 적은 없었다〉, 〈어렵기만 한 글쓰기〉 등의 제목으로 글을 써서 제출한 학생들도 있다. 여전히 글을 쓰고 있고 글쓰기를 가르치고 있는 나조차도 막막함이나 두려움을 느낄 때가 많으니, 충분히 이해할 수 있는 감정이다. 나에게도 글쓰기란 때로는 고통이다. 작가들이 '창작의 고통'을 이야기하는 경우가 많다. 글쟁이라 할 수 있는 작가들에게도 쓰는 것은 고통인 것이다.

하지만 이야기했듯이, 고통일 수 있지만 애정은 필요하다. 글쓰기에 대한 친근함 혹은 호기심, 흥미 등등 어떠한 감정이라도 마이너스적인 감정이 아닌 플러스적인 감정이 내 안에 있다면 일단은 청신호이다. 오토 크루제의 『공포를 날려버리는 학술적 글쓰기 방법』이라는 책이 있다. 학술적 글쓰기를 강의하며 학생들에게 추천하기도 하는 책이다. 내용도 좋지만, 이 책을 좋아하는 이유 중에 하나는 제목의 '공포를 날려버리는'이라는 문구 때문이다. 우리에게 가장 먼저 필요한 것은, 글쓰기에 대한 두려운 감정을 날려버리는 것이다. 지금부터 "글쓰기 까짓것 한 번 해보지 뭐."라는 생각의 주문을 걸어보자. 내 생각의 전환이 내가 좀 더 글을 잘 쓸 수 있게 하는데 영향을 끼칠 것이다.

사람들이 살면서 '마인드 컨트롤'이 중요하다는 이야기를 많이 한다. 글쓰기도 마찬가지다. 마인트 컨트롤 하나로, 못 쓰던 글이 바로 잘 써지지는 않겠지만 이제부터가 시작이다. 못 쓴다고 생각하지 말고, 내가 잘하는 분야가 아니라고 생각하지 말고, 못 해도 해본다라는 배짱 두둑한 마음으로 끄적이면 좋겠다. 내가 끄적이는 사람으로 살아가고 있는 것처럼 …

글쓰기 기초 근력 만들기

　글쓰기를 대하는 태도에 대한 긍정의 주문을 걸었다면, 이제 해야 할 일은 글쓰기 기초 근력을 만드는 것이다. 우리가 지금 당장 밖에 나가 운동장 10바퀴를 뛸 순 없지만, 오늘부터 한 바퀴 뛰기를 시작하여 연습을 거듭하고, 이것이 몸에 익숙해졌을 때쯤 2바퀴, 또 3바퀴, 4바퀴 등으로 점차 늘려간다면 언젠가 10바퀴를 뛸 수 있다. 사람마다 체력이 다를 테니, 누군가는 연습한 지 며칠 만에 10바퀴를 뛸 수도 있겠지만 누군가는 한 달이 걸릴 수도, 그 이상이 걸릴 수도 있다. 그래도 상관없다. 언젠가 10바퀴를 뛰기만 하면 되니까 서두를 필요는 없다.
　끄적이는 힘과 공포를 날리는 감정 컨트롤이 기초 근력을 위한 바탕이 되어줄 거라 믿는다. 기초 근력을 위해서 "일단 써라." 오늘은 한 문장으로 시작해도 괜찮다. 한 문장 한 문장이 모여, 언젠가는 한 페이지가 될 테니까.
　글쓰기의 기초 근력을 위해 학생들과는 에세이 쓰기를 하면서 '5단락 글쓰기'를 연습한다. 말 그대로, 5개의 단락으로 글을 쓰는 것이다. 모든 글쓰기를 5단락으로 쓰지는 않겠지만, 기초 근력을 생성하기 위한 방법으로 5단락 글쓰기를 제안하는 것이다. 5개의 단락은 서론 1단락, 본론 3단락, 결론 1단락의 구조이다. 내가 글을 구성할 때, 처음과 맺음말을 제외한 몸통 부분을 3개의 내용으로 구성하는 것이다. 이 3개의 구성은 병렬식 구조일 수도 있고, 점층적 구조일 수도 있고, 그 외의 방법일 수도 있다. 내가 전달하고자 하는 주제를 표현하기 위한 본문 내용을 3개의 파트로 구성하는 것이다. 나의 이야기가 설득력을 갖출 수 있도록, 근거를 3가지로 구성하거나 내용을 3가지로 구성하는 것이다. 이는 나의 이야기에 힘을 갖고, 나의 이야기가 타당성을 갖추어 주제가 잘 전달될 수 있도록 구성하는 방법이다. 이 글쓰기를 연습하여 기본기를 다지면, 그 이후에는 더 짧은 글을 쓰는 것도, 더 긴 글을 쓰는 것도 가능하도록 기초 근력을 만드는 것이다. 지금 당장 5단락을 완성하는 것이 어렵더라도, 5개의 단락으로 구조를 갖추어서 써보는 연습을 하자. 5단락의 기본기를 익히고 나면, 그 다음엔 단락을 유연하게 변형하는 것이 가능해질 것이다.

<5단락 글쓰기>

✎ 제목 :

> 서론 : 글의 도입
> 본론1
> 본론2
> 본론3
> 결론 : 글의 마무리

제목 없는 글은 없다. 글쓰기를 할 때 꼭 제목을 붙여줄 것을 당부한다. 글의 제목은 곧 내 글의 주제이다. 글의 방향성이자 글의 이정표이다. 그리고 내 글에 대한 첫인상이기도 하다.

가제(假題)라 할지라도, 제목은 필요하다. 제목 역시 글을 완성할 때까지, 최선의 제목을 고민하며 수정해야 한다.

Part II.

오늘도 쓰는 중입니다

잘 부르는 노래, 잘 쓰는 글쓰기

"가수가 부르는 노래를 듣다 보면, 박자와 음정은 아주 정확한데 밋밋한 경우가 있고, 박자와 음정은 약간 불안정한데도 가슴이 뭉클해지는 경우가 있죠. 여러분은 둘 중에 어느 가수가 더 노래를 잘 부른다고 생각하나요?"

글쓰기 강의를 진행하는 초반에 많이 하는 질문이다. 그럼, 학생들은 "감동이 느껴지는 노래를 부르는 가수요."라고 답한다. 실제로 노래를 듣다 보면, 어떤 가수는 음정, 박자 등 이론상으로는 완벽한 노래를 부르는데 그 이상의 감정이 안 느껴질 때가 있다. '정말 잘 부르는구나.'의 이상이 느껴지지 않는 경우다. 그런데, 어떤 경우에는 음정이 약간 불안하기는 한데, 가슴이 뭉클해지며 눈물이 나거나 노래에 몰입이 되는 감동을 주는 노래를 부르는 가수도 있다. 나도 후자의 경우가, 음정과 박자는 조금 불안하고 어설프더라도, 감동이 전달되는 노래를 부르는 가수가 노래를 더 잘 부른다고 느낀다.

특히, 요즘은 오디션 프로그램이 많아 이런 경험을 더 자주하게 되는 것 같다. 가수들은 이미 그 가수만의 프레임이 구축된 경우가 많다. 오디션 프로그램에 등장하는 노래를 잘하는 사람들을 보고 있으면, 때로는 너무 잘 부르는데도 내 가슴이 무반응인 경우가 있기도 하고, 때로는 음정·박자가 살짝 삐걱거린 것 같은데도 박수가 절로 나오며 가슴을 쿵-하고 치는 느낌을 받을 때가 있기도 하다.

몇년 전 우연히 TV를 보다가 연예인들이 나와 발라드를 부르는 프로그램을 보게 되었다. 방송에 참여한 연예인들 중에는 기존에 앨범을 내거나 가수인 사람도 있었고, 노래와는 전혀 상관 없는 일을 했던 사람도 있었다. 하지만 그 중 한 사람이 노래를 부르고 난 후, 심사 위원들의 칭찬이 이어졌다. 물론, 그 사람의 노래 실력이 아주 뛰어난 것은 아니었다. 음정이 불안하기도 했고, 살짝 빗나간 음도 있었다. 그럼에도 칭찬이 나왔던 이유는 자신의 이야기를 진솔하게 담아내듯 감정을 전달했기 때문이었다. 실제로 선곡의 이유도 가사가 자신의 이야기와 닮아있어서, 꼭 그 노래를 부르고 싶었다는 참가자의 발언이 이어졌다. 최근에 새로 시작한 발라드 오디션 프로그램을 보면서도 비슷한 감정을 느끼고 있다. 참가자 중에서 노래를 잘 부르는데, 감동이 느껴지지 않는 경우를 경험하는 중이다.

글쓰기도 마찬가지다. 맞춤법, 띄어쓰기, 문단 나누기, 내용의 구조 및 전개 등 형식적으로는 오류가 거의 없는데 잘 썼다고 칭찬하기가 어려운 글이 있다. 형식적으로는 크게 모가 난 부분이 없는데, 잘 썼다는 느낌이 들지 않아서 몇 번이고 다시 읽는다. 반면에 문장이 거칠고 투박하기는 하지만, 읽으면서 몰입이 되고 재미있다고 느껴지는 글이 있다. 이럴 때 후자의 글은 칭찬을 하지만, 전자의 글은 칭찬하기가 어렵다. 첨삭을 하면서도 무슨 말을 적어야 하나 고민이 된다. 겉으로는 완벽한 글쓰기를 하고 있는 것처럼 보이지만, 아이디어 및 발상의 문제나, 주제를 구성하는 방법 등 내적으로 흥미롭게 전개하는 힘을 갖추지 못한 경우이기 때문에, 독자에게 자신의 이야기가 잘 전달되지 않는다. 이런 글을 만나면 밋밋하다는 표현을 쓰고는 한다. 내용을 구성하는 힘을 훈련하고 연습하여 보완하는 문제는 문장 쓰기 연습을 통해 문장을 다듬는 연습보다 상대적으로 더 어렵다. 그래서 내용의 알맹이는 있는데 문장이 약한 경우에는 비교적 빠르게 보완을 할 수 있지만, 반대의 경우에는 훨씬 많은 노력과 시간을 투자해야 한다.

잘 부르는 노래와 잘 쓰는 글쓰기에는 공통점이 있다. 그 안에 알맹이, 즉 '진솔함'을 담아야 한다. 노래를 부를 때 감정을 잘 녹여 불러야 감동을 줄 수 있는 것처럼, 글을 쓸 때도 내 생각을 진솔하게 담아내야 하는 것이다. 그 '진솔함'을 잘 '전달'할 수 있어야 한다. 내가 아무리 좋은 목소리를 가지고 있다 하더라도 듣는 이에게 잘 전달되지 못하면 좋은 노래가 될 수 없듯이, 내가 아무리 좋은 글감이나 문장 쓰기 실력을 가지고 있다 하더라고 잘 '전달'되지 못하면 좋은 글이 되기 어렵다. 나의 진솔한 생각을 잘 전달하는 것, 이것이 중요하다.

나는 노래를 잘 부르지 못한다. 그럼에도 학생들에게 '노래'와 '글쓰기'를 비유해서 표현한다. 언젠가 나와 함께 노래방에 가게 된다면, 무슨 말인지 단번에 이해할 것이다. 음정·박자 잘 맞추는데, 책 읽기 하는 사람이, 바로 나다. 여담이지만, 이런 사람이지만 글쓰기를 하고 있으니, 노래를 잘 부르는 사람들은 좀 더 희망적이지 않을까? 노래를 할 때의 감정 표현들을 떠올려서 그것을 글쓰기에 적용해보길 권한다. 그렇다고 노래를 잘 부르지 못하는 사람들이라고 겁 먹을 필요는 없다. 노래를 잘 부르지 못하고도 글쓰기를 하는 필자가 여기 있으니.

나의 목소리로, 나의 언어로

앞 장에서 이야기한 것을 요약해보면, '노래'와 '글'의 공통점은? 바로 '진솔함'. 진솔한 감정을 넣어서 불러야 감동적인 노래가 되듯, 진솔한 감정을 넣어서 써야 감동적인 글이 완성된다. 진솔한 감정을 담기 위해서는? 나의 목소리를 담아내야 한다.

누구나 하얀 모니터 화면 앞에서, 또는 하얀 종이 위에서의 막막함을 느껴본 적이 있을 것이다. 나 역시도 마찬가지이다. 지금도 수도 없이 겪는 감정이다. 내가 주로 쓰는 글은 논문이지만, 가끔 짧은 에세이나 서평 등의 글을 쓸 때에도 어김없이 막막하고 주저하는 마음을 먼저 마주하게 된다. 아무리 잘 나가는 작가라도 일필휘지(一筆揮之)하는 건 아니다. 끊임없이 생각하고 정리하고 표현하고, 고통의 시간들을 지나야만 괜찮은 한 편이 완성된다.

글을 쓸 때 중요한 점은, 글로 쓰고자 하는 대상에 대한 나의 생각을 구체적으로 떠올리는 것이다.

나는 '무엇'을 말하고 싶은가? 내가 하고 싶은 이야기가 '무엇'인가?

글을 쓸 때, 가장 기본적이면서도 당연한 원칙이다. 나뿐만 아니라, 누구나 그러할 테니까. 좋은 글을 쓰기 위해서는 나의 목소리, 나의 언어로 표현해야 한다. 나의 목소리를 내고, 나의 언어로 쓰려면 우선 스스로 생각하는 일이 바탕이 되어야 한다. 이때 중요한 것은 남의 것이 아닌, '나의' 목소리와 언어이다. 조금 서툴고 투박해도 괜찮다.

나의 생각을 나의 언어로 담아낼 때, 그 안에 진솔함도 함께 담기기 마련이다. 누군가의 생각을 따라하거나, 누군가의 언어를 흉내 내려고 하면 내 것이 아니기에 어색하다. 딱 맞는 옷을 입은 것 같은 편안함과 자연스러움이 아닌, 어딘가 불편하고 부자연스럽다. 그래서 조금 힘들고 어렵더라도, 내 목소리를 내려는 연습을 해야 한다. 처음 시작할 때는 글의 분량보다는 알맹이에 조금 더 초점을 맞춰보자. 내가 하고 싶은 이야기가 무엇인지를 명확하게 하는 것은, 결국 글의 주제와 닿아있다. 글의 내용적인 측면에서 가장 중요한 것은 주제를 명확하게 표현하는 것이다. 가장 기본적이면서도, 가장 중요한 방법을 지키는 일이란 쉬운 일이 아니다. 어쩌면 이것이 가장 어려운 일일 것이다.

주제를 분명하게 드러내는 일은 나의 생각에 귀를 기울이는 것, 내가 이야기하고 싶은 나의 목소리에 귀를 기울이는 것으로부터 시작된다. 무엇을 쓸 것인지, 정확하게 정하지 못하였는데 글을 쓰고 있는 학생들을 자주 봐왔다. 이런 글쓰기를 하게 되면, 글이 부실해질 수 밖에 없다. 자신의 생각이 명확하지 않은데, 글로 명확하게 표현된다는 것은 가능하지 않다. 학생들이 글쓰기를 난감해하고 있을 때,

"지금 네가 쓰려고 하는 것을 한 문장으로 말해봐라."

라고 이야기를 건넨다. 이때, 한 문장으로 대답할 수 있다면, 자신이 쓰고자 하는 바가 분명하다고 판단할 수 있지만, 대답을 하지 못한다면 주제 설정부터 다시 시작해야 하는 것이다. 한 문장으로 말해 본다는 것은, 주제문을 말하는 것과 같기 때문이다. 나도 자주 글을 쓰면서, 머릿속으로 되뇌인다. '내가 지금 쓰려는 것이 무엇이지?', '이 글에 어떤 의미를 부여하고 싶은거지?' 끊임없이 반복적으로 질문하고 대답하고 끄적이고…

그래서 주제를 선명하게 정하기 위해서, 나의 목소리에 귀를 기울여야 한다. 나의 생각에 귀 기울이며, 그곳에서 들려오는 소리에 집중하고, 쓰고 싶은 이야기를 찾아야 한다. 아직은 거칠더라도 내 목소리를, 나의 언어로 쓰는 연습이 필요하다. 언젠가 수업을 듣던 학생이 다음과 같이 이야기했는데, 나의 의도를 잘 이해한 것 같아서 뿌듯했다.

"지금까지 나는 글쓰기라는 것은 글을 잘 쓰는 사람이 여러 표현을 넣는 것인 줄 알았는데, 아주 반대였다. 글쓰기라는 것은 나처럼 소질이 없는 사람도 진솔하게 쓰면 좋은 글이 될 수 있다는 것이다. 비록 고급진 단어와 표현을 잘 쓰지 못하지만 내 안의 감정은 끄집어낼 수 있을 것이라고 생각하기 때문이다."

공감하는 사람, 공감하는 글쓰기

글에서 중요한 요소로 진솔함과 더불어 공감의 요소가 매우 중요하다고 생각한다. 우리가 살면서 필요한 요소 중에 하나가 '공감(共感)'이다. 공감의 능력이 있어야, 타인을 이해하고 배려하며 타인과 더불어 살아갈 수 있다. 글도 마찬가지로, 공감의 요소가 있어야 한다. 글을 읽을 때, 공감을 할 줄 아는 사람이, 다른 사람이 공감할 수 있는 글을 쓸 수 있다고 생각한다. 공감이라는 것은, 함께 느끼는, 공통으로 느끼는 지점이기에 공감할 줄 아는 사람은 타인이 언제 어떻게 공감하는지도 안다고 생각하기 때문이다.

유시민 작가도 자신의 책에서, "책을 읽을 때는 글쓴이가 텍스트에 담아둔 생각과 감정을 있는 그대로 보고 느껴야 한다. 그래야 독서가 풍부한 간접체험이 될 수 있다. 간접체험을 제대로 해야 책 읽기가 공부가 된다. 그리고 남이 쓴 글에 깊게 감정을 이입할 줄 아는 사람이라야 가상의 독자에게 감정을 이입하면서 글을 쓸 수 있다. 자기 생각과 감정 가운데 타인의 공감을 받을 수 있는 것을 골라낼 수 있고, 그것을 공감을 얻을 수 있는 방식으로 쓰게 된다."고 썼다. 이 부분에 대해 깊이 공감했다. 내가 평소에 생각하고 있던 부분을 이야기하고 있어서, 고개를 끄덕였다.

우리 삶에서 공감하는 태도는 참 중요하다. 공감을 위해서는 공감할 수 있도록 잘 전달할 때, 빛이 반짝인다. 연기자는 연기를 할 때 시청자들에게 감정을 잘 전달할 줄 알아야 하고, 가수는 노래할 때 듣는 이에게 감정을 잘 전달해야 좋은 연기, 좋은 노래가 되듯이, 글쓴이는 자신의 생각을 독자에게 잘 전달해야 좋은 글이 될 수 있다. 즉, 진솔한 감정들이 잘 전달될 때 보는 사람, 듣는 사람, 읽는 사람이 공감하고 몰입하고 감동받을 수 있다.

앞에서 고백했듯이 나는 노래를 못한다. 못하는 이유가 듣는 이에게 감정이 전달되지 않기 때문이다. 우연히 TV를 보는데 17년차 배우가, 보컬 레슨을 받는 장면이 나왔다. 연기로는 잘하는 평을 받는 배우가 노래는 꽝이었다. 그걸 지켜보던 다른 출연자가 말했다. 그는 가수였다.

"감정이 하나도 전달이 안 되잖아요."

이어서 노래도 연기하듯 해야 한다고 이야기했다. 가사를 머릿속으로 상상해보라고, 그 상황을 상상하면서 그런 상황에 놓이게 되었을 때의 감정을 떠올리며 노래를 부르라고. 그래야 그 감정이 전달될 수 있다고. 나에게 하는 말 같았다. 노래를 못 부르지만, 흥이 있는 편이라 어디선가 노래가 들리면 따라하곤 한다. 그러면 늘 남편이 타박을 한다. "부르지마. 너무 못 불러. 어쩜 저렇게 못 불러. 감정이 하나도 없어. 책 읽고 있어." 마음의 상처를 입으며, 노래는 이번 생에는 글렀구나..라고 생각을 한다.(언젠가 보컬 레슨을 받아보겠노라 늘 마음속으로 생각하고 있다. 하하) 노래를 못해도 연기는 잘하는 연기자처럼, 연기는 못해도 노래는 잘하는 가수처럼, 노래는 못해도 글은 잘 쓸 수 있다고 나를 다시 한 번 토닥여준다.

말과 글에서도, 공감은 중요하다. 나의 감정을 잘 전달하고, 타인에게 나의 감정이 잘 전달되어야 공감할 수 있다. 나의 '진솔함'을 잘 '전달'한다면, 독자들이 몰입할 수 있는, 재미있게 읽을 수 있는, 좋은 글이 될 수 있다. 글쓰기란 시간과 에너지를 필요로 한다. 묵묵하게 꾸준하게 연습해야 한다. 공감하기 위해, 많이 읽고 많이 쓰고, 많이 생각하는 시간이 필요하다.

읽기부터

송나라 시대 문장가였던 구양수는 글을 잘 쓰는 방법으로 3가지를 이야기하였다. '다독(多讀), 다작(多作), 다상량(多商量).' 예나 지금이나 글을 잘 쓰는 방법은 변하지 않았다. 많이 읽고, 많이 쓰고, 많이 생각하는 것. 언제 곱씹어도 옳은 말이라 고개를 끄덕이게 된다. 다른 사람의 글을 많이 읽는 것, 이것은 매우 중요한 원칙 중에 하나다. 타인의 글을 전혀 읽지 않는 사람이 좋은 글을 쓸 수 있을까? 다른 사람들의 글을 많이 읽으면서, 내 안의 자양분을 쌓아가는 일이 필요하다. Input이 있어야 Output이 있듯이, 많이 읽는 행위는 내 안으로 집어 넣는 일이다. 내 안에 다양한 자양분들이 온전히 내 것으로 흡수가 되고, 체화되면서 이것들은 훗날 다시 재조직되고, 재탄생된다. 내 것을 만들 수 있는 중요한 연습이다. 많이 읽고, 많이 생각해야, 많이 쓸 수 있는 것이다.

삼다(三多)에 순서를 정한다면?
다독(多讀) → 다상량(多商量) → 다작(多作)

'다독'→'다상량'→'다작'의 순서로 정해보았다. 물론, 글쓰기란 순차적으로 진행되는 분야가 아니다. 복합적으로, 윤회적으로, 쌍방향으로 생각하기, 읽기, 쓰기가 동시에 진행되기도 한다. 하지만, 굳이 삼다(三多)에 순서를 정해본 이유는, 그리고 그 첫 번째로 '읽기'를 이야기한 이유는, 누군가에게 처음부터 생각하는 일은 매우 어려울 수 있지만, 글자를 아는 사람이라면 읽는 것은 할 수 있기 때문이다. 무엇부터 해야 할지 막막할 때는 일단 읽어보는 것은 어떨까? 읽다 보면, 문득 문득 생각이 떠오를 때가 있을 것이고(아주 사소한 생각일지라도) 그러한 생각들이 꼬리에 꼬리를 물거나, 혹은 그러한 생각들이 모여 내 생각을 풍성하게 만들 수도 있다. 그리고 나면 쓰는 것 또한 시작할 수 있다.

여기에 한 가지를 더 더한다면? 앞에서도 언급했던 '메모하기'이다. 그때그때 떠오르는 생각이나 질문들을 적는 연습이 필요하다. 나는 책을 볼 때, 꼭 연필을 손에 쥐고 읽는 편이다. 밑줄을 긋거나 메모를 하기 위해서이다. 그래서 책은 대부분 빌려보지 않고, 사서 보는 편이기도 하다. 도서관에서 빌린 책들에는 마음껏 나만의 낙서를 할 수 없기에, 책을 읽는 내내 곱게 다루어야 해서 불편하다. 바로바로 적어두지 않으면, 금세 까먹기가 일수이고, 또 나중에 다시 읽는다고 해도 그때의 생각이 떠오르지 않을 수도 있기에 메모를 하는 습관은 매우 유용하다. 책에 밑줄을 긋거나 책 옆에 메모를 해두거나, 또는 노트에 따로 적어두거나, 컴퓨터 파일에 타이핑을 쳐서 저장해두거나, 다양한 방식으로 흔적을 남긴다.

이에 대해서는 한비야 선생님께서도 언급한 적이 있다.『그건, 사랑이었네』에서 사다(四多)를 이야기하시며, '다독, 다작, 다상량'에 '다록(多錄)'을 추가하셨다. 나도 같은 생각이다. 글을 쓰면서 중요하게 생각하는 부분 중에 하나가 '메모'이기 때문에, 강의 중에 학생들에게 글을 쓸 때 조각들을 많이 써보라고 권유한다. 끄적이는 것은 어느 때이든 할 수 있는 일이다. 책을 읽으면서, 생각을 하면서, 글을 쓰면서도…. 조각조각의 생각들, 조각조각의 문장들이 어떻게 하나로 이어질지는 당장은 알 수 없다. 두서 없는 조각들이 모여, 하나의 사슬로 연결되는 경험. 그것이 글쓰기의 힘이다.

쓰기 위해서 오늘도 나는 읽는다. 생각해야 쓸 수 있고, 읽어야 쓸 수 있고, 읽으며 생각해야 쓸 수 있기 때문이다. 무엇을 읽어야 할지 고민이 된다면, 가장 좋아하는 작가 또는 장르의 책부터 읽어보면 된다. 음식은 아무거나 많이 먹으면 체할 수 있지만, 책은 이것저것 다양하게 많이 읽는 것이 생각의 폭을 유연하고 넓고 깊게 만들어준다.

옛 선비들의 독서법

 읽기는 중요하다. 그리고 나는 읽을 때 행복하다. 읽을 때 내가 살아있다는 것을 느끼기도 한다. 읽으면 생각하게 되고, 읽다 보면 쓰고 싶어진다. 옛 선비들도 문헌을 통해 자신의 독서법을 남기기도 했다. 앞에서 언급했던 구양수는 『거가필용(居家必用)』에서 달달 외우는 독서에 대한 이야기를 했다. 암송해야 할 경전을 제시하고 글자 수를 일일이 센 다음에 암송에 필요한 시간을 계산하여 제시하였다.

 암송을 위해서는 수 없이 반복해서 읽어야 했고, 선비들은 몇 번을 읽었는지를 헤아렸다. 전통적인 독서 방법으로 여겨졌던 것인데, 이러한 방법을 보여준 인물이 김득신(金得臣: 1604~1684)이다. 글을 한 번 읽었다 하면 최소한 천 번을 읽었고, 좋아하는 글은 만 번 이상을 읽었다.

 지금도 독서하는 방법으로 속독(速讀), 통독(通讀), 정독(精讀) 등 다양한 방식이 있다. 한 때 속독이 유행하면서 〈속독학원〉들이 많이 생겨났던 때가 있었다. 나도 잠시 은사님의 권유로 속독을 배웠던 일이 있었다. 그때의 기억을 떠올리면, 눈동자 훈련을 많이 했다. 눈동자로 원을 그린다거나 사선으로 내려간다거나 등을 훈련하면서, 실제로 텍스트를 읽을 때 빠르게 지나가면서 한 번에 많은 글자를 읽도록 연습했다.

시대에 따라 또 개인에 따라 다양한 방식으로 읽지만, 예나 지금이나 우리는 읽고 있다. 우리 삶에서 읽기라는 행위는 언제나 현재진행형이다.

그래서 읽기나 독서에 관한 다양한 기록들이 남아있다. 그 중 흥미로운 독서법을 남긴 인물이 있어서 소개해보려고 한다. 박규수(朴珪壽: 1807~1877)라는 인물인데, 골패 독서법에 대한 이야기가 남아있다. 이 이야기는 안대회 선생님의 『선비답게 산다는 것』에서 자세히 소개하고 있다. 박규수가 남긴 『상고도회문의례』라는 16권 16책의 방대한 저서가 있다. 이 책의 이름을 줄여서 『상고도』라고도 한다. 이 책은 내용도 방대하고 저술 방법도 독특한데, 책을 읽는 방법도 독특하다. 골패를 던져 읽을 글을 고르고 연습할 문투까지 정하는 특별한 방법을 담고 있다. 골패는 당시에 유행했던 놀이기구로, 골패를 네 번 던져서 나오는 숫자에 따라서 글을 선택하여 읽고 작문까지 하는 방법이다. 골패에 대한 내용을 접하다보니, 대학교를 다니던 시절 전공 수업 중 통 속의 종이 막대기를 뽑아 시험을 치르던 과목이 생각났다. 통 속에 접혀 있는 종이 막대기가 여러 개 꽂혀있고, 그 중에 하나를 골라 뽑은 후 펼쳐서 그 속에 써 있는 질문에 대해 구술로 대답을 하는 방식이었다.

이와 같은 방법은 발상이 참신하고 거기에 재미까지 더한 방법이다. 처음부터 끝까지 책읽기가 부담스럽고 싫어하는 사람이나, 어떤 책을 읽어야 할지 모르는 사람에게 골패에 당첨된 항목을 선택하여 흥미롭게 읽을 수 있게 하고 그것을 바탕으로 글쓰기까지 유도한 발상이 참신하다. 지금으로 따지면 독서법이자 논술 지도까지 가능한 방법이다. 지금도 이런 책이 있으면 좋을 것 같다는 생각이 들었다. 한 권의 책 속에서는 문학, 예술, 과학, 사회, 경제 등등의 다양한 읽을거리가 제공되어있고, 랜덤으로 한 꼭지를 읽고, 그것을 바탕으로 글도 써보고 토론도 하고 한다면 좋은 수업 자료도 될 수 있을 것이란 생각을 해본다.

메모는 내 친구

독서와 메모는 언제나 짝꿍이다. 읽는 것도 메모하기와 함께 이루어져야 하며, 생각하는 것도 메모하기와 함께 이루어져야 한다고 생각한다. 쓰는 일은, 메모를 넘어선 적극적인 글쓰기 행위이다.

메모, 다른 말로는 끄적임, 혹은 낙서라고도 부를 수 있을 것이다. 나는 끄적이는 습관을 매우 중요하게 생각한다. 글 쓰는 나로서 끄적이는 사람에 대한 이야기는 앞에서 언급을 했다. 나의 끄적임의 최초 시작이 언제였는지는 모르겠지만 어린 시절부터 늘 끄적이고 있었다. 아주 다양한 종류로…

어릴 때부터 습관적으로 늘 하던 일이 있는데, '일기 쓰기, 다이어리 쓰기, 용돈 기입장 쓰기'이다. 이제 와서 생각해보니 다 '쓰는' 일이다.

그림일기부터 시작하여 날마다 자기 전에 일기를 썼고, 매일은 아니지만 지금도 종종 쓴다. 요즘은 컴퓨터로 써서 파일로 저장할 때도 있고, 수첩에 손으로 쓸 때도 있다.

용돈 기입장도 초등학교 때부터 지금까지 쓰고 있다. 어릴 때 쓰던 통장 같은 모양과 크기의 용돈 기입장을 아직도 가지고 있다. 거기엔 엄마한테 용돈 1000원을 받았다는 메모부터 500원 주고 과자를 사 먹은 일까지 모두 적혀있다. 그때부터 지금까지 한 해도 용돈기입장 쓰기를 거른 적이 없었고, 20대 초반까지도 손으로 용돈 기입장을 작성했으며, 한동안은 수기 기록과 엑셀 파일로 저장하는 두 가지 방법을 모두 사용하던 때도 있다. 지금은 컴퓨터 파일을 이용해서 적어두고 있다. 이제는 어느덧 40대 초반 주부의 삶을 살면서 가계부라는 명칭으로 기록을 이어가는 중이다.

그런데 아직도 다이어리 쓰기만큼은 아날로그적인 방법을 고집하고 있다. 스마트폰이 생기면서 많은 사람들이 핸드폰에 있는 플래너를 쓴다. 내 주변의 사람들만 봐도 대부분 일정을 핸드폰에 기입하고 있다. 하지만 나는 여전히 다이어리에 일정을 적고, 필요한 메모들도 다이어리 안의 빈 공간에다 하는 편이다. 그래서 매해 연말 내 일상의 필수 코스는 신년 맞이 다이어리 구입이다. 그리고 그동안의 다이어리들 역시 아직 보관중이다. 여전히 펜으로 적는 게 좋지만, 핸드폰 메모장에도 끄적거리기를 조금씩 늘리는 중이다.

이러한 생활 습관 때문에 예전부터 지인들에게 가계부 쓰는 방법이나 다이어리를 꾸준히 쓰는 방법에 대한 질문을 종종 들었다. 대학생이었던 어느 날 같은 과 선배를 만났는데, 가계부 쓰는 법과 다이어리 쓰는 법에 대한 상담을 요청하기도 했다. 나에게 질문을 하는 사람들이 늘 공통으로 하던 말은 "올해부터는 좀 써보려고 하는데", "내년부터는 써 보려고 하는데" 방법 좀 알려달라는 것이었다. 방법? 글쎄, 잘 모르겠다. 일단 그냥 쓰면 된다고 대답을 했다. 너무 무책임한가. 그래도 솔직한 마음이었다. 그래서 습관이 중요하고, 습관이 무서운 거다. 일단은, 시작을 해야 한다. 오늘 하루만 써보자는 생각으로 오늘 쓰고, 내일도 오늘 하루만, 모레도 오늘 하루만……

내가 처음 용돈기입장을 쓰던 기억을 떠올려보거나, 일기를 쓰던 기억을 떠올려 봐도, 처음 시작은 그냥 썼다. 어렸을 적에, 어머니는 날마다 시장에 다녀오면 항상 그날의 영수증을 노트에 테이프로 붙이시고, 그 옆에 볼펜으로 지출 내역 등과 관련하여 메모를 하셨다. 그 모습을 보며, 그냥 썼던 것 같다. 어머니가 늘 손으로 가계부를 쓰던 모습을 보고 자란, 한 꼬마는 당연한 듯 오늘 슈퍼 가서 사 먹은 과자와 사탕 등에 대해 쓰기 시작했던 것이다. 일단 쓰고 나면, 다음날도 그냥 쓰고, 그러다 보니 어느새 습관이 되어있었다.

매일 매일의 기록이 어느덧 수십 권의 수첩을 남겨둔 것처럼, 매일 매일의 끄적임이 모여서 꽤 많은 양의 글을 쌓게 되고, 습관이 될 거라고 믿는다. 그렇게 몸에 스며들면 그냥 내 일상이, 내 삶이 되는 것이다. 나는 지금도 끄적거림의 힘을 믿는다. 끄적거림의 습관으로, 지금도 사람들과 대화 중에 인상 깊은 말이나 떠오르는 생각이 있으면 수첩을 꺼내거나 핸드폰 메모장을 이용하여 바로 적는다. 그리고 내 컴퓨터 바탕화면의 파일에는 "메모"라는 이름의 파일도 있다. 여러 가지 잡다한 생각들을 저장해두는 공간이다. 나는 나의 기억력을 믿지 못하기 때문에(시간이 흐를수록 더..), 언제나 적어둔다.

이 외에도 나의 끄적임의 공간들이 많이 있는데, 이런 것들이 내 글쓰기의 원천이다. 글 쓸 때 아이디어를 위해서 따로 시간을 들이기도 하지만, 나의 메모 조각들을 다시 꺼내어 살펴 보면서 그 안에서 재료를 얻을 때가 많다. 그리고 때로는 남겨놓은 메모들 덕에 그때의 그 시간과 장소, 그날의 생각으로 돌아갈 때도 많다. 끄적임을 통해, 글도 쓰고 잠시 과거로의 여행도 다녀오게 된다.

적응 기간 2개월…

누구나 새로운 환경, 새로운 집단 등 새로운 것에 마주할 때면 낯설고 어색함을 느낄 것이다. 나 또한 그렇다. 하지만 시간이 흐르면서 그 낯설음과 어색함이 익숙함과 편안함으로 바뀌는 시기가 찾아온다. 나의 그 시간은 2개월이라는 생각이 든다. 나는 생각보다 새로운 곳에 가서 불편함을 느끼지 않고 있을 수 있는 사람이라는 생각을, 요즘 참 많이 한다.

7월에 새롭게 갔던 세미나. 그리고 9월에 새롭게 시작한 운동인 스쿼시. 근래 내 환경에서 새로워진 것이라곤 이 둘 뿐이다. 매일 똑같은 일상, 매일 똑같은 일의 반복.

서초동에 처음 갔던 날. 나는 완전히 혼자였다. 나의 지도교수님이 그 모임에 있었던 것도 아니고 아는 다른 누군가가 있었던 것도 아니고, 그저 우연히 학회에서 마주친 S대 교수님으로부터 세미나 참석을 권유받았고, 권유를 받았기에 심각한 고민 없이 이곳에 가게 되었다. 매주 금요일 6시반. 나는 서초역에 도착한다. 지난 주도 혼자. 이번 주도 혼자. 다음 주도 혼자겠지……. 낯선 이들 사이에 앉아 있는 것이 뻘쭘하기는 하겠지만 불편하지는 않았다. 친해지기 전까지는 말수가 많지 않은 편이라, 말을 안 하고 있다고 불편한 것도 아니고 그냥 가만히 있어도 불편하지 않았다. 그러나 주위 사람들은 내가 뻘쭘해한다고 생각했던 것 같기도 하고, 또 매주 혼자서 꾸준히 나를 보고 신기하게 여겼던 것 같기도 하다.

물 속에서 섞이지 못하는 기름처럼, 둥둥 떠 있던 2개월 정도가 흐르자 조금씩 사람들 속에 융화되기 시작했다. 사람들과 수다를 떨기 시작했고, 밥만 먹고 헤어지던 뒷풀이에서 2차를 가기도 했고, 몇몇 사람들의 전화 번호가 내 핸드폰에 저장되기 시작했고, 몇몇과는 사적으로 만나기도 했다. 쭉 돌이켜 보니 내가 융화되기 시작한 시간이 2개월쯤 흐른 뒤였다….

이번에는 스쿼시 얘기를 해보자면, 처음에는 내가 배우기로 한 것이니 정해진 시간에 가서 강습을 받고 운동을 하고 집으로 돌아오는 것의 반복이었다. 강사님은 불친절해보였고, 내 돈 내고 가는 건데 뭔가 대우를 안 해주는 느낌이었다. 가긴 갔으나 흥이 나는 상황은 아니었던 듯하다. 하지만 요즘에는 흥이 난다. 그만큼 운동은 더 힘들다. 강사님이 음료수를 마시라며 나에게 주기도 하고, 우연히 마주친 아저씨가 오늘은 잘 쳤냐며 인사도 건네주신다. 역시나 물과 기름처럼 나누어져 있던 그곳의 사람들과 조금은 융화가 되어가고 있는 느낌이다. 돌이켜보니 이 시간도 2달이었다.

　내가 새로움에 대해 적응하는데 필요한 시간은 2개월인가 보다. 앞으로도 어느 곳에서든 2개월이라는 시간이 지나면 나는 그 환경이 편안하게 느껴지고 익숙하게 느껴질까? 오늘 느낀 숫자2에 대한 새로운 느낌….

내 컴퓨터 속 〈사색의 시간〉이라 저장된 파일 속에 들어있던 메모이다. 20대 후반에 쓴 것인데, 지금 보니 그때의 상황과 감정 등 기억들이 새록새록 떠오른다. 그리고 이 이후로도 내 삶에 2라는 숫자의 흔적에 대해서도 생각해 보게 되었다. 나에게는 바로 어제의 메모도, 1달 전의 메모도, 10년 전의 메모도 존재하는데, 그 모든 메모들이 소중하다.

옛 선비의 일기

　요즘도 종종 일기를 쓰는 사람들을 만나고는 한다. 수업 시간에 만나는 학생들 중에도 하루의 마무리를 다이어리 쓰는 것으로 그날을 다시 되새기며 정리를 한다는 학생도 있었고, 또 어떤 학생은 매일 아침을 다이어리 쓰는 것으로 시작해, 전날을 정리하고 오늘을 시작한다는 학생도 있었다. 요즘 흔히 볼 수 있는 관찰예능프로그램과 같은 TV를 봐도 자기 전에 다이어리를 쓰면서 하루를 마무리하거나, 아침에 일어나서 다이어리를 쓰는 것으로 하루를 시작하는 연예인들도 많이 보인다.
　나 또한 일기쓰기를 꽤 오랫동안 해오고 있다. 물론, 어릴 때처럼 일기장에 매일 꼬박꼬박 쓰지는 못한다. 요즘은 기록해두고 싶은 일이 있거나, 쓰고 싶을 때 등 자유롭게 쓰는 편이다. 장소와 시간에 구애받지 않고, 쓰고 싶을 때 쓰는 일이 많기에 핸드폰 메모장에도 종종 쓴다. 어느 날은 지하철을 타고 가다가 지하철 안에서 문득 이런저런 생각에 휩싸이다가 그 생각을 적기도 했다. 지금도 가끔 그때의 일기들도 열어보는데,

그날의 감정이 고스란히 느껴진다.

옛 선비 중에도 일기를 매일 성실하게 썼던 인물이 있다. 유만주(兪晩柱: 1755~1788)가 21살이 되던 해 정월 초하루부터 시작하여 13년 동안 거의 하루도 거르지 않고 쓴 일기가 있는데, 그것이 바로 『흠영(欽英)』이라는 책이다.

"일어난 일을 날마다 기록하는 것은 고금이 다르지 않다.……
무릇 사람의 일이란 가까우면 자세하게 기억하고 조금 멀어지면 헷갈리며, 아주 멀어지면 잊어버린다. 하지만 일기를 쓴다면 가까운 일은 더욱 자세하게 기억하고, 조금 먼 일은 헷갈리지 않으며, 아주 먼 일도 잊지 않는다.…………"

책의 서문의 내용 중 일부를 인용했는데, 이 구절을 보자마자 무릎을 딱 쳤다. 내가 일기를 쓰면서 느끼는 감정이랑 너무 똑같았다. 컴퓨터에 저장된 일기들, 핸드폰에 저장된 일기들. 가끔씩 열어서 읽어보고는 한다. 그러면 갑자기 타임머신을 타고 그때로 돌아간 것처럼, 그날의 상황, 그때 느꼈던 감정이 다시 생생하게 살아가는 경험을 한다. 하지만 만약 내가 써 두지 않았다면 기억 저편으로 날아가 버리고 말았을 일상의 경험과 감정들뿐이었겠지만, 내가 일기로 남겨두었기에 오랜 시간이 지나도 그날을 기억할 수 있다. 내 일기들은 과거의 어떤 날을 정확하게 기억하고, 자세하게 기억하고, 잊지 않는 힘을 남겨주었다.

그래서 나에게는 일기가 소중하다. 휘발될 뻔한 나의 일상을 내 가슴 속 한 켠에 고이 담아둘 수 있어서…

아래에는 내 컴퓨터 파일의 잡다한 여러 파일 중 '사색의 시간'이라는 파일명에 적힌 한 편의 짧은 일기를 소개한다. 벌써 10년도 더 전에 남겨놓은 흔적이다.

2013. 11. 4. 월.

8살 난 조카가 뚜레주르에 들어서자 마자 외친다. "나 마카롱!" 8살짜리 어린이가 마카롱을 안다. 그 순간 내 8살의 모습이 스쳐 지나간다. 8살의 난 무엇을 먹고 있었을까. 그때의 나는 주머니에 100원짜리 2~3개면 행복했고, 그걸 들고 집 앞의 구멍 가게에 가서 카라멜을 사 먹거나 스낵류의 과자 1봉지를 사 먹었던 것 같다. 아니면 보석 반지를 사서 하루종일 손가락에 끼고 다니며 빨아먹거나….

내가 8살 때인 시간보다 지금은 무려 21년이라는 시간이 흘렀고, 그 시간의 격차를 실감하지 않을 수 없었던 것이다. 내가 8살 때, 나는 마카롱이라는 존재조차 몰랐고, 빵집도 프랜차이즈가 아닌 동네 빵집만 알았으며, 빵의 맛도 소보루나 크림빵, 단팥빵, 그리고 맘모스빵이 세상에 있는 빵의 전부인 줄 알았던 것이다.

나의 8살짜리 조카의 세상이 내가 8살 때의 세상과는 너무나 다르다. 그 녀석은 던킨도너츠를 좋아하고, 프랜차이즈 카페에 가면 자기가 좋아하는 음료 메뉴가 있다.(이름을 알고 있다.) 그 시절 내가 몰랐던 것들을 그 녀석은 다 알고 있는 것 같다. 나보다는 훨씬 더 풍족하게 삶을 누리고 있다는 생각이 든다.

그러면서 무엇인가 씁쓸한 웃음을 짓게 되는 것은 왜일까…………….

일기가 남겨져 있기에 이날의 장면이 사진처럼 머릿속에 찍혀있다. 8살이던 조카가 지금은 20살이 되었다. 이 일기 덕분에 그 당시 조카와 함께 갔던 광희동 근처의 카페, 한남동 근처의 카페 등이 선명하게 떠오른다. 귀엽고 어리던 조카는 카페에 가면 딸기요거트스무디를 마시고 마카롱을 먹었다. 그 아이는 성인이 되었고, 그 사이 내가 결혼하고 아이를 낳아 내 아들이 10살이 되었으며, 나의 초딩 아들의 카페 최애 메뉴가 딸기 마카롱과 망고 주스이다.

세 살 버릇 여든까지 가기 전에

좋은 글은 천편일률적으로 재단할 수 없다. 글이란 글을 쓴 사람의 개성이 묻어나는 작품이며, 각자마다의 개성은 다 다르다. 다 다르기 때문에 개성이다. 그래서 매학기 강의 시간에 학생들에게 강조하는 것은, "이번 학기에 각자 자신의 글쓰기 습관을 확인하자."이다.

개강하고 첫 주부터, 이번 학기 우리의 목표는 '글쓰기 습관'을 들여다보는 것으로 서로 의지를 다진다. 실제로 많은 사람들은 자신이 어떤 스타일로 글을 쓰고 있는지 잘 알지 못하는 경우가 많다. 글쓰기란, '잘 쓴다'와 '잘 못 쓴다'의 두 가지로 단순하게 나눌 수 있는 영역이 아니다. 세상에 다양한 색상이 있듯이, 다양한 글이 존재할 뿐이다.

요즘 많은 대학들이 필수 교양 과목으로 글쓰기 관련 과목들을 지정하고 있다. 그렇다면, 대학교에 입학한 많은 학생들이 적어도 1학기는 글쓰기 과목을 수강한다는 소리이다. 한 학기를 배운 후, 글쓰기 실력이 일취월장한다거나, 글을 잘 쓰지 못하던 사람이 글을 잘 쓴다는 것은 거의 불가능하다. 실제로, 강의 초반 학생들에게 이런 이야기를 자주 한다. 내가 가장 오래 출강했던 학교에서는 글쓰기 과목이 2강좌로, 입학한 모든 학생이 1년 동안 글쓰기 강의를 듣는다. 물론, 연속으로 듣는 것은 아니고, 4년 중 2학기 정도 할애된다는 의미이다.

글쓰기 과목 수강을 통해, 글쓰기를 잘 할 수 있게 된다면? 한 두 학기 정도의 글쓰기 과목 수강으로 글을 잘 쓸 수 있다면 모든 학생이 글을 잘 써야 할 것이고, 많은 대학교에서 글쓰기 과목을 가르치고 있는데, 그렇다면 대학을 졸업한 모든 학생들이 글을 잘 써야 하는데…… 과연, 현실은 그러한가? 첫 번째 글쓰기 수업 때 만난 학생을 두 번째 수업에서 또 만나는 경우가 있는데, 다시 만난 학생이 여전히 글을 쓰는 것에 대해 어려워하는 경우가 많았다. 사회로 나간 많은 사람들도 여전히 글쓰기에 대한 두려움을 호소하고, 어려움을 호소하는 중이다.

나의 가까운 지인들만 보더라도, 전공 불문, 직종 불문. 글쓰기를 잘하고 싶다고 말해오거나, 글을 잘 쓰는 비결을 말해달라는 이들이 꽤 많다. 혹은 글쓰기를 잘하는데 도움이 되는 책을 알려달라거나……. 이런 질문을 받을 때마다 참으로 난감하다. '비결' 혹은 '비법'이라는 것이 있는가? 마법의 주문이라도 외워야 할 것 같다…

글을 잘 쓰기 위해, 중요한 첫 걸음은 나의 '글 버릇'을 확인하는 일이다. 사람들은 누구나 말버릇이 있는 것처럼, 글 버릇을 가지고 있다. 하지만 말 그대로 '버릇'이라서, 스스로는 잘 느끼지 못한다. 하지만 타인이 나의 글을 한두 편 읽게 된다면, 바로 글쓴이의 특징을 알아차릴 것이다. 글 버릇을 확인하기 위해서는, 글을 여러 번 써 봐야 하고, 그 글을 타인의 눈으로 읽어야 한다. 내가 쓴 글을 내가 읽더라도 거리 두기를 해서 읽어야 한다.

표현과 관련된 글 버릇일 수도 있고, 내용과 관련된 글 버릇일 수도 있다. 가장 확실하면서 먼저 발견되는 부분은 표현에서 보이는 습관들 일 것이다. 예를 들면, '~인 것 같다, ~인 듯 하다, ~게 되다.' 등의 표현을 문장의 종결어미에 반복하고 있다는 것을 발견할 수 있다. 또는, 한 문장을 3~4줄 정도의 긴 길이로 쓰는 경우를 발견할 수 있다. 어떤 학생은 한 단락을 한 문장으로 쓴 경우도 있었다. (내가 강의를 하면서 만났던 가장 긴 문장은 글의 처음부터 끝까지 한 문장으로 한 페이지가 작성된 글이 있었다. 그 글을 쓴 학생에게 그 사실을 말해주자 정작 당사자는 그때서야 알아차리고는 놀라움을 감추지 못했다.) 내용상의 버릇이라면 계속 변죽을 두드리고만 있지는 않은지, 핵심 내용을 서술할 때 서사, 묘사, 비유 등의 한 가지 방식에서 벗어나지 않고 동일한 방식으로만 쓰고 있지는 않은지 등을 확인할 수 있을 것이다.

나의 습관, 나의 버릇이라는 것은 내 눈에는 잘 보이지 않는다. 나는 너무나 익숙하니까. 나는 내가 가장 익숙한 형태로 말을 하고, 가장 익숙한 형태로 글을 쓴다. 그래서 주위 사람들에게 내 글을 보여주기를 권한다. 나 역시도 '글 버릇'이 있다. 주변의 동료들에게 글을 완성하고 나면 보여준다. 잘 읽히는지, 이상한 문장은 없는지 등 검토를 부탁하기도 한다. 내가 가장 익숙한 나 자신, 그리고 내가 쓴 글로부터 객관적일 수 있을 때 버릇을 고칠 수 있다고 생각하기에 민망하고 부끄러워도 읽어봐 달라고 이야기한다. 만약 누군가에게 보여줄 기회가 없다거나 보여주기가 부끄럽다면, 소리 내어 내 목소리로 읽어보는 것부터 시작하라. 그냥 눈으로 읽을 때는 지나쳤던 것들을 확인할 수 있다.

한 글자 한 글자 소리 내어

자신의 글을 바라볼 때 필요한 것은 객관적인 눈이다. 내가 내 글을 바라 볼 때 객관적이기가 참 어렵다. 주관적일 수밖에 없고, 너그러워질 수밖에 없다. 그 이유는 그만큼 익숙하기 때문이기도 하다.

만약 수업 중에 과제를 받았다고 가정해보자. 과제의 마감일은 오늘 밤이다. 과제의 마감 직전까지 쓰고 고치고를 반복하다가 마감 시간이 임박해서야, 전송 버튼을 누를 것이다. 마지막 제출 전 읽어봤던 내 과제물은 스스로 느끼기에, 나쁘지 않았다. 그러나 학기말 돌아온 학점은 예상보다 낮은 점수였다. 그랬던 적이 있는가?

내가 읽을 땐 분명 괜찮은 글이었는데, 혹은 나쁘지 않았는데. 예상과 다른 피드백이 돌아왔다. 내 글을 스스로 점검하는 가장 좋은 방법은, '소리 내서 읽기'이다. 내 목소리가 내 귀에 들리도록 소리 내서 읽어보자. 눈으로 읽어 내려가면, 한 글자 한 글자 꾹꾹 눌러 읽는다기보다는 의미로 입력되거나, 그냥 눈으로 스치거나 지나치는 글자가 발생한다. 하지만 소리 내서 읽게 되면, 한 글자 한 글자를 발음하는 것이기 때문에 글에서 어색한 부분이 있다면 단번에 읽히지 않고 읽어 내려가던 흐름이 갑자기 막히게 된다. 그리고 소리 내서 읽으면, 앞에서 이야기한 익숙한 나와의 '거리 두기'가 조금은 가능해진다.

소리 내어 읽는 연습은 자신의 글에 대한 형식적 오류를 발견할 수 있는, 스스로 할 수 있는 가장 확실한 방법이다. 동시에 말하기 연습도 함께 할 수 있는 방법이다. 나는 고3때 이와 같은 방법으로 매일 읽기와 말하기를 연습하였다. 그리고 이 방법의 효과에 대해 그때 체감을 하였다.

내가 고등학교 3학년 때 담임 선생님께 늘 같은 말로 혼이 났다.

"너는 목소리를 자꾸 안으로 먹는다."

우리 담임 선생님은 전교에서 가장 무섭기로 유명했던 분이셨다. 안경을 쓰고 시계를 찬 남자 선생님이셨는데, '안경 벗고 시계 푸는 날은 죽는 날'이라는 소문이 있을 만큼, 무서운 분이셨다. 그런 선생님한테 혼이 나니 진짜 벌벌 떨었다. 그리고 어느날 나를 교무실로 불렀다. 또 혼내시려고 그러는가 싶어 두려운 마음으로 교무실로 갔다.

하지만 선생님은 나에게 미션을 하나 주셨다. 매일 수업이 끝난 후 청소 시간에 교무실로 와서 책상 위에 꽂혀있는 두 개의 파일에서 자료를 각각 1장씩 꺼내 가서 거울을 보고 소리 내서 읽는 연습을 하라는 것이었다. 선생님이 준비해두신 파일의 하나에는 영어로 된 읽기 자료가 가득 있었고, 또 다른 파일에는 한글로 된 읽기 자료가 가득 있었다.

매일매일 한 장씩 뽑아들고 집으로 돌아가서, 저녁마다 방 안에서 거울을 쳐다보고 읽고(자연스럽게 읽힐 때까지), 심지어 외우고, 다음날 선생님 앞에서 그것과 관련된 질문에 다시 대답하고, 또 다른 자료를 가지고 가서 연습하고……. 이 연습을 1~2달을 매일 했던 것 같다. 그 당시 나에게 청소 시간이 가장 공포의 시간이었다. 선생님과 1대1로 마주해야 했으며, 숙제 검사를 받는 시간이었으니까.

지금 생각해보면 그때 나는 그 시간을 매일 두려워했지만, 그 시간만큼은 선생님께서 화를 내신 적이 없었던 것 같다. 내가 잘하든 못하든 매일 매일 빼먹지 않고 꾸준히 연습하는 모습을 묵묵히 바라봐주셨다. 그리고 선생님은 내가 나의 생각을 스스로 표현할 수 있도록, 그리고 나의 생각을 타인에게 잘 전달할 수 있도록(내용과 발음 모두), 스스로 연습하도록 도와주셨던 것 같다.

그 덕분에 지금 나는 소리를 전혀 먹지 않는다. 다른 사람들에게 나의 소리를 잘 전달할 수 있게 되었고, 소리가 타인에게로 가서 닿게 되니 나의 생각이나 의미들도 함께 잘 전달된다. 또 소리 내서 읽는 연습을 함으로써, 문맥에 따라 끊어 읽기, 강약 조절해서 전달하기 등도 연습할 수 있었다. 그리고 내가 자주 쓰는 표현들을 발견하게 됨으로써, 글쓰기에서의 오류도 줄일 수 있었다.

어쩌면, 19살 그때의 그 시간이 없었다면 지금의 내 모습이 없었을 수도 있다는 생각이 든다. 그때 진로 상담을 하면서 선생님께서 국어국문학과도 권유하셨고, 나에게 그러한 혹독한(적어도 그 당시 나에게는) 훈련을 시켜주신 덕분에, 학생들 앞에서 강의도 하고 글도 쓰고 하고 있는 것이 아닐까.

몇몇 학생들이 "교수님, 목소리가 아나운서 같아요.", "말하는 연습도 하세요?"라는 말을 한 적이 있다. "목소리가 좋다고 이야기해줘서, 고마워요."라고 대답하면서 속으로, 엄청 놀랐다. 나는 살면서 제일 마음에 들지 않는 내 모습 중에 하나가 목소리였기 때문이다. 스스로 목소리에 대한 콤플렉스가 있어서, 누군가와 전화통화를 하거나, 목소리로만 전달해야 하는 상황을 좋아하지 않는다. 그런데, 가끔 강의실에서 학생들로부터 목소리에 대한 칭찬을 들을 때면 고3때의 모습이 떠오른다. 이제 그만 내 목소리를 싫어해도 되지 않을까, 그래도 내 목소리가 괜찮은 건 아닐까 생각해보곤 한다.

가장 쉬운 단어로, 가장 쉬운 문장으로

 내가 담당했던 교과목 중 글쓰기가 두 개로 나누어진 경우가 있었다. 하나는 자신이 경험한 것을 주제로 정해 에세이를 쓰는 것이고, 다른 하나는 각자 하나의 주제를 잡고 소논문을 작성하는 것이다. 두 가지 장르적인 글쓰기 중에서 학술적 글쓰기에 해당하는 과목을 가르치면 종종 발생하는 문제가 현학적인 단어를 사용하기 위해 노력한다는 것이다.
 에세이를 쓸 때는 이러한 현상이 나타나지 않는 편인데, 소논문 쓰기를 시작하면 평소 자신이 잘 사용하지 않던 단어를 찾아서 문장을 완성해야 한다는 부담을 갖고 있는 학생이 발생한다. 논문이라는 단어가 주는 낯설고 생소함, 그리고 전문성이 짙게 느껴지는 이미지 때문인지 문장 하나를 쓰는 것에도 어려움을 겪는 경우가 있다. 에세이든 논문이든 글이다. 이런 이야기를 하는 이유는 논문이든 에세이든 잘 읽히는 문장이 가장 좋은 문장이기 때문이다.
 그래서 논문 쓰기를 하는 강의 시간 중에도, 문장은 '쉽게 잘 읽혀야 한다.'고 이야기한다. 문장 쓰기의 원칙이, '간결하고 명확한 문장'이라는 것은 분명하다. 많은 글쓰기 책에서, 글을 쓰는 사람들이 공통적으로 주장하는 부분이다. 나는 좋은 논문 또한 간결하고 명확한, 단번에 읽히는 문장이어야 한다고 생각한다.

내가 생각하는 좋은 논문이란 전공자들끼리 읽고 이해하는 논문이 아닌, 비전공자들도 읽고 이해할 수 있는 글이다. 국문학을 전공하고 있지만, 문·사·철이 연결되어있고, 때로는 경제학·사회학 등 서로 연결되어 있는 지점들이 많기에, 다양한 전공의 논문을 읽는다. 이런 경우에 잘 읽히지 않을 때 매우 답답하다. 그 학문의 전문 용어는 잘 이해하지 못한다 하더라도, 문장 자체는 읽혀야 하는데 그렇지 못할 때가 있다. 학문마다 문장 쓰기에도 스타일이라는 것이 존재하기는 하지만, 독자의 입장에서 읽히지 못한다면 의미가 있을까.

독자의 입장에 본다면, 자신을 뽐내기 위한 어휘 또는 문장보다는, 친절한 문장이 좋다. 쉽게 읽히고 쉽게 이해할 수 있는 문장이어야 한다. 나 또한 스스로 오류를 범할지도 모른다는 생각에 늘 신경을 세우고 있다. 가장 쉬운 단어로, 나의 생각을 명확하게 표현할 수 있다면 가장 훌륭한 문장이 될 수 있다. 간결하면서도 명확하게, 그리고 하나 더! 단번에 읽히는 문장이라면 더 좋겠다.(간결하면서도 명확하다면, 단번에 읽힐 가능성이 높다.) 문장을 읽었는데, 이해되지 않아 다시 또 읽고, 다시 또 읽고를 반복한다면, 그렇게 반복하는 사이 몰입도가 떨어질 것이기 때문이다. 글을 읽는데 몰입과 집중이 떨어지면, 결국 글 전체를 이해하고 감상하는 데 영향을 미칠 수밖에 없다.

좋은 문장이란?

- 간결하고 명확한 문장
- 가장 쉬운 단어로
- 단번에 읽히는 문장
- 한 문장에는 하나의 생각만 담기
- 불필요한 수식은 생략하기

SNS가 남긴 흔적

요즘 세대는 SNS과 가깝다. 우리가 매일 핸드폰으로 안부를 주고받는 수단도 SNS다. 요즘은 MMS형태의 문자보다는 '톡'을 훨씬 더 자주, 즐겨 이용한다.

처음 스마트폰이 생기고, 1~2년동안 스마트폰으로 바꾸지 않은 채 옛날 핸드폰을 그냥 사용했다. 굳이 바꿀 필요성을 느끼지 못했기 때문이다. 필요한 용건이 있으면, 전화를 하거나 문자메시지를 이용하면 되었고, 그 외의 기능을 잘 사용하지 않았기 때문이었다. 하지만 하나 둘 스마트폰으로 바꾸면서 거의 모든 주변 사람들이 스마트폰을 사용하고 있을 즈음에도 여전히 나만 2G폰을 사용중이었고, 불편을 느끼는 것은 내가 아닌, 나의 지인들이었다.

예를 들면, SNS메신저 기능에는 단체로 대화가 가능하여 같은 모임에 있는 사람들끼리는 단체방을 만들어서 한 번에 메시지를 보내는 것이 가능했는데, 나 같은 사람 때문에 별도의 문자를 다시 전송해야 하는 번거로움이 있었던 것이다. 그 무렵 지인들이 나에게 직접적으로 번거로움을 토로하였다.

"야, 연락할 때 항상 너는 따로 보내야 하잖아. 귀찮아. 너 핸드폰 안 바꿀 거야?"

이런 말들을 종종 했다. 처음에 한 두 번은 대수롭지 않게 넘겼다. 그런데 지인들에게로부터 이런 말을 듣는 햇수가 많아질수록 '바꿔야 하나?'라는 생각이 들었고, 결국엔 바꿨다. 거의 마지막 차를 탄 셈이었다. 버틸 때까지 버티다 버티지 못할 때쯤 백기를 들었다고나 할까. 바꾸면서도 '누구를 위해' 바꾸는 것인가라는 생각을 떨칠 수가 없었다.

'나는 전혀 안 불편한데……. 왜 자꾸 자기들이 불편하다고 나한테 바꾸라고 하는 것인가.'

이런 생각을 조금 했던 게 사실이다. 결국엔 스마트폰의 세계로 들어섰고 '스마트한' 기계에게 참 미안할 정도로, '아날로그'적인 인간에 머물러 있었다. 전화와 '톡' 기능밖에 쓰지 않았다. (물론, 지금은 아니다.)
처음 '톡'을 사용할 때, 많이 불편했다. 일종의 채팅 같은 느낌이었다. '용건만 간단히'가 아니라 '끊임없는 대화'였기 때문이다. 메시지를 주고받기가 계속 이어져, 언제 어떻게 마무리를 해야 할지 애매하고 난감한 순간들이 많았다. 일종의 '글로 대화하기'였다.

그렇다. 우리가 하루에도 수십 번 사용하는 이 SNS 플랫폼은 '글로 소통하는 것이다. 상대에게 안부를 묻고, 일상의 소통을 하는 등의 과정이 모두 글로 이루어지고 있다. 이러한 관점에서 본다면 우리는 하루 중에 많은 부분을 '글쓰기'에 할애하고 있다고 말할 수 있다. 그리고 글쓰기와 떼려야 뗄 수 없는, 아주 긴밀한 관계에 놓여있는 것이다. 최근에 만난 학생 중 한 명은 요즘은 전화보다 톡 메시지를 더 많이 사용하는 시대이기 때문에, 글쓰기는 현대 사회를 살아가면서 꼭 필요한 역량이라고 말하기도 하였다. 요즘 우리는 살아가면서 '쓰기'와 매일 마주하고 있는 것이다.

하지만, SNS상에서는 의사소통의 도구이지, 완전한 글쓰기를 추구하는 것이 아니기에 이를 통해 글쓰기 연습을 기대할 수는 없다. 오히려 이 글로 하는 소통 때문에 우리의 글쓰기가 많이 무너져 있다. 친구와 함께 나누는 일상적 대화들이 주를 이루는 공간에서, 줄임말, 소리 나는 대로 쓰기 혹은 비어, 속어 등이 자유롭게 쓰이고 있기 때문이다. 요즘 세대들에게 익숙한 SNS이자 비번하게 사용되고 있는 SNS, 그렇기에 그 안에서 글쓰기의 습관이 가장 많이 노출되기도 하는 공간이다.

실제로 학생들의 글을 첨삭하다보면, 평소 자신의 습관이 그대로 옮겨져 있는 사례를 마주한다. '핸드폰 자판' 위에서 글자를 입력하던 습관이 그대로 '컴퓨터 자판' 위로 옮겨지는 것이다. 아주 간단한 사례로는 〈마음이 아팠다.〉와 같은 문장을 〈맘이 아팠다.〉로 쓰고 있는 경우를 흔히 보게 된다. '마음'을 '맘'이라고 쓰는 것과 같이, 줄여쓰기 형태의 단어들을 비일비재하게 볼 수 있다. 그리고 띄어쓰기를 잘 하지 않고 메시지 전송을 하는 습관을 가지고 있는 학생의 경우에는 글을 쓸 때도 무의식적으로 띄어쓰기를 잘 하지 않는다든가, 띄어쓰기 규칙을 몰라서 제멋대로 띄어 쓰거나 띄어 쓰지 않는 경우도 있다. 학생들을 글을 읽으며, 띄어쓰기 체크를 하고 맞춤법 표기에 어긋난 표현들을 수정하다 보면 어느새 내가 쓴 '빨간 펜'의 자국들이 가득한 글이 생긴다. 그리고 글쓴이에게 돌려주면, '스스로 이렇게 오류를 많이 범했는지 몰랐다.'라고 답변하는 경우도 많았다.

앞에서도 이미 썼지만, 습관은 말 그대로 나에게 익숙해져 있는 행동이라서 스스로 인지하기가 어렵다. 우리가 각자 스스로 사용하는 말이나 글의 습관들이, 매일 사용하고 있는 스마트폰의 흔적일 수도 있다. 평소 친구들과 맞춤법이나 띄어쓰기를 인지하지 않고, 편하게 사용했던 나의 언어와 문장들이 글로 표현될 때 (올바르지 않은 언어 사용 습관을 가지고 있다면) 적나라하게 노출된다. SNS로 인해 나에게 스며들어있는 나의 언어 사용 습관에도 관심을 갖고 눈 여겨 볼 필요가 있다.

SNS로 기록하기

SNS로 인해 글쓰기에서 오류를 범하기가 쉬워지기도 했지만, SNS와 가까운 세대들에겐 글쓰기를 연습할 수 있는 좋은 플랫폼이기도 하다. 여러 플랫폼별로 그 자체가 가지고 있는 특징은 다르긴 하지만(사진 위주의 짧은 문장이냐, 혹은 칼럼처럼 나의 견해를 피력할 수 있느냐) 내가 즐겨 사용하는 플랫폼을 이용하여, 내가 좋아하는 글쓰기를 해보기를 제안해본다. 자신이 좋아하는, 혹은 즐겨 사용하는 플랫폼 안에서 글쓰기를 하면 된다.

블로그, 트위터, 페이스북, 인스타그램 등이 생겨나기 시작한 초창기에는 각 플랫폼마다 특징이 뚜렷했다. 페이스북은 주로 자신의 생각을 긴 호흡으로 표현하는 매체였고, 인스타그램은 글보다는 사진 중심의 시각적으로 전달하는 매체였다. 처음엔 사진도 한 장만 업로드할 수 있었고, 사진에 대한 부연 설명을 간략하게 작성하거나 명사형 혹은 해시태그의 형식으로 압축적으로 보여주었다. 그래서 온라인 상에 자신의 생각을 길게 표현하고 싶다면, 블로그나 페이스북을 사용하는 경우가 많았고, 짧게 사진 중심으로 표현하고 싶다면 인스타그램을 사용하는 경우가 많았다. 하지만, 지금은 인스타그램에 사진이 20장까지 업로드가 가능하고, 인스타그램 안에서 긴 호흡의 글을 업로드하는 경우들도 많아, 자신이 즐겨 사용하는 플랫폼 안에서 메모를 하면 좋을 듯하다.

각자 SNS를 이용하는 동기가 다를 것이다. 나의 일상을 공유하고 소통하는 데 목적을 두거나, 책 읽기를 좋아한다면 서평 위주, 영화를 좋아하면 영화평, 음식을 좋아하면 먹은 음식 및 맛집에 대한 감상 또는 레시피, 여행을 좋아하면 여행지에 대한 정보 및 여행지에서의 추억 및 감상 등. 소재는 무궁무진하다.

위 중에서 영화로 예를 들어보자. 평소에 영화 보는 것을 좋아해서 자주 본다면, 봤던 영화들에 대한 자신의 감상을 SNS상에 글로 적어보는 것이다. '비평문 쓰기'라 할 수 있고, 스스로 '비평가'가 되어보는 활동이 될 수 있다. 비평가 혹은 비평문이라고 하여, 거창하게 생각하지 말고 관람한 영화에 대해 '좋았다/나빴다.', '재미있었다/재미없었다.'의 단편적인 서술에서 벗어나서, 구체적인 문장으로 써 보는 것으로 시작하면 된다. 영화에서 가장 인상 깊게 봤던 장면에 대한 자신의 견해나, 등장인물에 대한 견해, 또는 이 영화에서 오점으로 보였던 부분에 대한 자신의 견해 등 한 포인트를 잡아서 그것에 대해서만 문장으로 쓰는 연습으로 시작하길 권한다. 한 줄평과 같은 방식이어도 좋고, 한 단락(5~6문장) 정도의 길이로 생각을 남겨도 좋다. 이러한 연습이 쌓이면 언젠가는 한 편의 비평문이 될 수 있다.

앞에서 성실히 쓴 일기를 남겼던 인물로 유만주 이야기를 소개했다. 유만주의 『흠영』이라는 저서가 갖는 또 다른 유의미한 지점은 독서 경험을 기록하고 있다는 것이다. 읽은 책을 초록하거나 감상과 비평을 하기도 했다. 이와 같은 독서 경험을 종이에 쓰지 않고 SNS을 통해 감상평이나 비평을 기록할 수 있다.

어느 학기엔가 학기 초에 수업이 끝나고, 자신이 블로그에 글을 쓰고 있다며 주소를 적어준 학생이 있었다. 자신의 블로그 주소를 알려주면서, 시간 되면 들어가서 글을 읽어주시면 좋겠다고 말하였다. 그래서 그 약속을 지키기 위해, 강의가 없는 시간에 짬을 내서 알려 준 주소로 접속했다. 그 학생이 꽤 꾸준히 글을 업로드하고 있었다. 글의 종류는 다양했다. 친구와 카페에서 나누던 대화의 일부가 소재가 되기도 하였고, 듣고 있는 강의의 정리 또는 후기 등이 소재가 되기도 하였다. 글 자체가 몰입도가 매우 높고 흥미롭게 쓴 것은 아니었지만, 꾸준한 노력에 박수를 쳐 주었다. 글쓰기에 관심을 갖고, 자신의 일상들을 기록하는 것, 그 지점에서 나는 희망을 보았기 때문이다. 지금은 비록 나열식의 구성이라 아쉬운 점이 있기는 하였지만, 꾸준히 자신의 생각과 자신의 경험 등을 '쓰고' 있다는 것이, 앞으로 더 '잘 쓸 수' 있는 발판이 될 것임을 믿기 때문이다. 그리고 남겨놓은 흔적들이 그 순간들을 잊지 않고 기억하게 해줄 것이다. 시간이 흘러도 남겨놓은 흔적 덕분에 기억하고, 또 어느 때에는 자신의 포트폴리오에 중요하게 쓰이는 소재가 되리라 믿는다.

글을 쓰는 소재는 무엇이어도 좋다. 위에서 예시로 언급하지 않았더라도, 그 어떤 것이라도, 내가 좋아하는 대상으로, 문장 쓰기 연습을 하면 된다. 시작이 반이다. 오늘 당장은 전체적인 논리가 약할지 몰라도, 그것들이 축적되었을 때 오늘보다는 더 나은 글쓰기가 될 것이다.

실제로 내 주변에는 페이스북에 자신의 생각들을 몇 단락 정도로 글을 올리는 것을 꾸준히 하는 사람들 중에서, 그것이 바탕이 되어 책을 출간하거나 언론사에 연재를 하거나 강의를 하는 사례들을 목격했다. 우리가 일상적으로 사용하는 SNS는 내가 어떻게 활용하느냐에 따라 나에게 '독'이 아닌 '약'이 될 수 있다.

SNS 이야기가 나왔기에 내가 썼던 일기 중에 SNS와 관련된 메모를 남겨놓았던 기록을 이곳에 옮겨본다. SNS는 10년 전에도 아주 인기였었나 보다. 내가 평소 SNS를 즐겨하지 않아, 최근에서야 체감을 했지만 나의 기록에 흔적이 남아 있다.

2014. 2. 19. 수.
#1.
나는 지금 을지로입구역 근처에 있는 코코브루니라는 카페에 앉아있다. 평일 낮에 회사원들이 많은 카페에 앉아 있는 건 처음인 듯하다…. 저녁 시간에 친구를 기다리는 카페나… 오전 시간에 한적한 카페… 또는 주말에 동네에 있는 카페… 등은 가본적이 많지만….

오늘은 수요일 낮이라 회사들이 밀집한 사이에 있는 카페에는 정장차림의 남자들도 많다. 수트를 입은 남자들이 멋있게 느껴지기도 한다. 어쩌면 저들 중에 나의 반쪽이 있을지도 모른다는 생각도 스쳐간다. 내 왼쪽엔 커플이, 내 왼쪽 대각선 쪽엔 회사원으로 보이는 남자들 무리가, 내 정면 자리에는 여자 넷이, 내 오른쪽 대각선에는 친구로 보이는 여자 둘이, 내 오른쪽 자리에도 여자 둘이 화기애애한 수다를 나누며 음료를 마시고, 케이크를 먹고 있다. 내 오른쪽 대각선에 앉아 있는 여자 한 명이 친구에게 말을 한다. "나 원래 SNS 잘 안하는데, 요즘 SNS가 재밌어." 친구가 말을 한다. "왜?"

"누군지 모르는 사람이 내 글을 읽는게 재미있어."

누.군.지.모.르.는.사.람.이.

이 말이 귓가에 꽂힌다. 사람들은 다른 사람들과의 소통을 원하고 있는 것 같다. 너무나 원활하게 소통을 하고 있고, 늘 하고 있다고 생각할지도 모르지만 사람들은 여전히 소통을 갈망하고, 소통에 목말라 하는 듯하다. 혹시나 나 역시도 소통에 목말라하고 있지는 않은가?

지적인 SNS 사용을 위하여

　직업병이라면, 직업병. 학생들의 글을 첨삭할 때뿐만 아니라, 글로 소통하는 세상 속에서 SNS나 온라인 상의 글들에서, 밥 먹으러 갔던 식당의 메뉴판에서 등 잘못 쓰이고 있는 표기들이 자꾸만 눈에 띈다. 말을 하고 싶어서 입이 근질거렸던 순간들이 많았다. SNS상에서 맞춤법이 틀린 걸 발견하고는, 댓글을 쓸 뻔한 적도, 식당에 가서 메뉴판의 맞춤법 오류를 보고 사장님에게 말을 할 뻔한 적도 많았지만, 하지 못했다.
　강의실 안에서는 얼마든지 이야기할 수 있지만, 아무리 틀린 표기를 올바르게 알려주는 것이라 할지라도 누군가는 불편할 수도, 기분 나쁠 수도 있다는 생각과 소심한 나의 성격이 더해져 늘 찜찜한 마음을 안은 채로 눈을 감아야 했다.

　요즘 현대인들의 삶에 SNS가 매우 가깝게 자리하고 있고, 이것 때문에 맞춤법 표기의 오류들을 더 많이 목격한다. SNS라는 것이 말이 아닌, 글로 소통을 하는 것이다 보니, 그것이 완벽한 문장이든 아니든 간에, 스스로 잘못 알고 있는 표현들을 자신도 모르게 계속 드러내고 있는 꼴이 되어버렸다. 어느 날 SNS에 올라온 게시물을 봤다. 이벤트성의 퀴즈를 올리고는 "~~가 정답이였습니다."라고 써놓았다. 또 손가락이 근질거렸다. 하지만 아무것도 할 수 없었다.

위 문장은 틀린 표현이다. "정답이었습니다."라고 써야 맞다. 일상생활 중에 '-이었-'이라고 써야 할 자리에 '-이였-'이라고 쓰는 경우를 많이 본다. 하루에도 몇 번씩, "이었습니다."가 아닌 "이였습니다."를 마주한다. 표준국어대사전에서 '-었-'은 끝음절의 모음이 'ㅏ, ㅗ'가 아닌 용언이 어간에부터 또는 다른 어미 앞에 붙어, 이야기하는 시점에서 볼 때 사건이나 행위가 이미 일어났음을 나타내거나, 완료되어 현재까지 지속되거나 현재에도 영향을 미치는 상황을 나타내거나, 미래의 사건이나 일을 이미 정해진 사실인 양 말할 때 쓰인다고 명시하고 있다.

예전에는 명절에 선물로 설탕을 주었다.
철수는 이미 밥을 먹었다.
작년 소풍날은 날씨가 궂었다.
코스모스가 활짝 피었구나.
간밤의 비로 강물이 많이 불었다.

야, 이대로만 공부하면 틀림없이 대학에 붙었다.
날씨가 이렇게 가무니 올해 농사는 다 지었다.

그리고 '-였-'은 '하다'나 '하다'가 붙는 동사 어간 뒤에 붙어 또는 다른 어미 앞에 붙어, 이야기하는 시점에서 볼 때 사건이나 행위가 이미 일어났음을 나타내거나, 완료되어 현재까지 지속되거나 현재에도 영향을 미치는 상황을 나타내거나, 미래의 사건이나 일을 이미 정해진 사실인 양 말할 때 쓰인다고 명시하고 있다.

어제는 내내 공부를 하였다.
밤새 노래 연습을 하였으니 목이 쉴 만도 하지.
집에 아기가 있으니 공부는 다 하였다.

아주 단순하고 쉽게 기억하기 위해서는 '-였-'을 쓰는 2가지 경우를 기억하면 된다. 첫 번째는, 동사 '하다'를 기억하자. '하다'와 결합할 때는, '였'을 쓴다. 두 번째는, '-이었-'의 줄임말일 때 '였-'을 사용한다. 이 두 가지 외에 나머지 경우는 '-이었-'을 쓰면 헷갈리지 않고 사용할 수 있다.

또 다른 틀린 표기로 SNS상에서 하루에도 몇 번씩 발견하고는 고쳐주지 못해 혼자서 속앓이를 하는 표현이다. '몇일 전에~~'라고 쓰여진 문장들을 마주하면, 입이 또 근질거린다. '며칠 전에'가 맞는 표현이다.

'며칠'이 맞고, '몇일'은 틀리다.

아마, 이 단어를 헷갈리는 이유는 '몇 월' 때문이 아닐까 생각한다. '몇 월 며칠이니?'라고 쓰는 것이 맞지만, '몇 월'이라는 표현에 뒤따라오는 표현 또한 '몇 일'이라고 무의식적으로 쓰고 있는 것이 아닐까. 한글맞춤법 제27항에서 "어원이 분명하지 않은 것은 원형을 밝히어 적지 않는다."라고 하여, '며칠'을 그 예로 들고 있다. 표준국어대사전에서도 명시하고 있는 것처럼, '몇 일'로 적는 경우는 없다. 항상 '며칠'로 적는다.

우리말은 참 어렵다. 국문학을 전공하고, 글쓰기를 강의하고 있지만, 나 역시도 여전히 공부하면서 가르친다. 나도 헷갈릴 때가 있다. 헷갈릴 때면 검색하고, 찾아보고, 자기 검열을 한 뒤에 사용한다. 오늘도 SNS 세상 속에서 잘못 쓰이고 있는 표현들을 마주하며 말하지 못한다. 하지만, 얼마 전 남편에게는 한 마디 했다. 핸드폰 메시지를 주고받다가, '뵈요'라는 단어가 등장했다. 그 순간 바로 '뵈요(X)/ 봬요(o)'라고 메시지를 보냈다. 내 메시지를 받은 상대의 반응은 "맙소사"였다.

길 위의 단어들

 맞춤법의 오류는 SNS에서만 발견되는 것이 아니다. 길 위에서도 발견할 수 있다. 점심시간에 밥을 먹기 위해 학교 근처를 오가면서도 눈에 띈다. 몇 년 전 어느 주중 낮에 점심 식사를 위해 학교 후문으로 나섰다. 많은 카페들과 식당들이 즐비하는 사이로, 어느 카페 안의 네온사인 문구가 눈에 들어왔다.

 "커피는 제가 탈께요. 분위기는 손님이 타세요."

 하… '탈께요.'가 너무 눈에 거슬린다. 네온사인이라, 안 그래도 돋보이는 저 글자가 내 눈에는 유난히 더 커 보인다. '탈께요.'의 바른 표기는, '탈게요.'이다. 우리가 일상생활에서 흔히 잘못 쓰고 있는 표기들은 발음이 유사하여 발음상으로는 구분되지 않기 때문에 혼동하거나, 헷갈리는 경우가 많다. 뒤에서 언급할, '개'와 '게' 역시 발음상의 구별이 어려우니, 문자로 표기하는 상황에서 어느 것이 맞고 틀린 지에 대해 헷갈릴 수 있다. 이 단어를 사용하는 사람이 인식하고 있는 대로, 사용자가 익숙한 표현대로 사용하고 있는 것이라고 생각한다. 마찬가지로, 표기로는 '탈게요.'가 맞다고 하지만, 말을 할 때는 '탈께요'로 소리 나고 있는 것이다. 그러다 보니, 말이 아닌 글로 작성해야 할 때에도 '게'가 아닌 '께'로 사용하는 경우가 빈번하다.

하지만 형태를 분석해보면, 어미 '-ㄹ게'가 결합한 구조이다. '탈게, 할게, 갈게, 될게……' 등 모두 '께'가 아닌 '게'가 올바른 표현이다. '할 거야/할 꺼야'의 경우, 또한 '-ㄹ 거야'가 결합한 구조이므로, 된소리가 아닌 예사소리로 써야 한다. 표준국어대사전에서 '-ㄹ게'에 대해서, '받침 없는 동사 어간이나 'ㄹ' 받침인 동사 어간 뒤에 붙어, 어떤 행동에 대한 약속이나 의지를 나타내는 종결 어미.'라고 정의를 하고 있다. 다음은 예시 문장을 두 개 더 덧붙인다.

다시 연락할게.
오늘은 나 먼저 갈게.

그럼, '할까? 갈까? 될까?' 등의 경우도 살펴보자. 표준국어대사전에 따르면, '-ㄹ까'는 "이다'의 어간, 받침 없는 용언의 어간, 'ㄹ' 받침인 용언의 어간 또는 어미 '-으시-' 뒤에 붙어, 1) 어떤 일에 대한 물음이나 추측을 나타내는 종결 어미 또는 2) 어떤 일에 대하여 상대편의 의사를 묻는 종결 어미.'라 정의한다.

이 그물에 고기가 잡힐까?
그는 지금 무얼 할까?
우리 오늘 만날까?
이거 내가 가질까?

위와 같은 문장의 형태로 사용된다. 의문형 어미 '-ㄹ까'와 어미 '-ㄹ게'는 서로 다른 것이라는 점을 염두에 두어야 할 것이다.

이번엔, 식당에 들어섰다. 요즘도 식당 메뉴판에 보면, '찌개'를 '찌게'라 써놓은 곳을 종종 발견한다. 자리에 앉는 순간, 다른 식당으로 가고 싶어진다. 직업병이라면 직업병이겠고, 누군가는 나를 보고 매우 예민하고 까칠하다 생각할지는 모르겠지만, 솔직한 마음이 그렇다. 그렇다고 실제로 메뉴판의 오기(誤記) 때문에 식당을 나온 적은 없다. 그날은 그냥 한 끼를 먹었겠지만, 그 이후로는 방문하지 말아야지 다짐을 하며 나오곤 했다. 가끔 지인들 중에도 문자로 '찌게'라고 보내는 경우가 있는데, 그럴 때도 입이 너무 근질근질하지만, 입을 꾹 다물고 만다.

찌개의 사전적 정의는 '뚝배기나 작은 냄비에 국물을 바특하게 잡아 고기·채소·두부 따위를 넣고, 간장·된장·고추장·젓국 따위를 쳐서 갖은양념을 하여 끓인 반찬.'이다. 그렇다면, 사람들 중에 왜 찌개를 헷갈려 하는 사람들이 있는 것일까? 'ㅐ'와 'ㅔ'의 발음이 비슷하기 때문일까? 우리가 'ㅐ'와 'ㅔ'의 표기를 항상 혼동하는 것이 아닌데 '찌게'라고 쓰는 이유에 대해서는 늘 의문을 품고 있다. 모든 단어는 기본형부터 살펴보면 이해하기가 쉽다고 이야기한 것처럼, '찌개'라는 단어의 형태를 분석해보면, '찌개'와 '찌게'를 헷갈리지 않을 것이다.

'찌개'는 동사 '찌다'의 어간 '찌-'에 접미사 '-개'가 붙은 것이다. 접미사 '-개'는 일부 동사의 어간 뒤에 붙어 '그러한 행위를 하는 도구, 그러한 행위를 특성으로 지닌 사람' 등의 뜻을 더하고 명사로 만든다. 날개, 덮개, 지우개 등이나 오줌싸개, 코흘리개 등의 단어들이 있다.

오늘 저녁에는 '된장찌게' 말고 '된장찌개'가 먹고 싶다.

전공자들의 잡담

얼마 전 후배랑 이야기를 하는데, 후배가 말했다.

"언니~ 요즘 헷갈리거나 모호한 단어나 표현들 보면 일일이 찾아보고 검색하는 사람들은 우리 전공 사람들밖에 없을 걸요?"

"아.. 그러겠네…"

대답을 하고는 다른 사람들 눈에는 내가 예민하고 까탈스러워 보일 수도 있겠구나라는 생각이 들었다. 그리고 한 사건이 더 떠올랐다. 고등학교 동창 중에 한 친구가 어느 날 나에게 이런 말을 한 적이 있었다.

"문자 보낼 때, 내가 신경 쓰이는 사람이 두 명이 있는데, 한 명은 내 동생이고, 한 명은 너야."

이 얘기를 듣고는 좀 당황스러웠다. 친구가 보낸 문자를 보고, 맞춤법이 틀렸다고 지적한 적이 없는 것 같은데, 왜 이런 말을 할까? 라는 생각을 했다. 아님 내가 지적을 했었나? 라는 생각도 했다. 내 친구에게는 국어국문학을 전공하고, 글쓰기를 가르치고 있는 나와 연락할 때 정확한 표기를 해서 의사소통을 해야 한다는 생각이 이미 마음속에 자리 잡고 있는 듯하다. 동료들도, 학생들도 비슷한 말을 한다. 글쓰기 교수니까, 글쓰기 선생님이니까, 연락할 때 더 신경이 쓰인다고…

나와 내 주변 사람들에게는 익숙한 일들이, 누군가에게는 익숙하지 않을 수 있다. 우리는 사전을 검색하고, 확인하는 등의 일이 익숙한 사람들이다. 그래서, 거리의 표현들, 온라인 상의 표현들을 볼 때도 검열의 눈이 시시때때로 작동하고 있을지도 모른다. 맞춤법에 관한, 올바른 표기에 대한 이야기들을 나열하다 보니 대학교 때 같은 과 친구의 일화가 떠오른다. 어느 날, 친한 동기가 남자 친구와 헤어졌다고 말했다. 그래서 왜 헤어졌냐고 물어보니까, 문자를 보내는데, 맞춤법을 너무 틀려서 헤어졌다고 했다. 그때는 그냥 웃고 말았다. 속으로는 '맞춤법 때문에 헤어졌다고?'라고 놀라기도, 당혹스럽기도 했다. 한 편으로는 '그런 이유로도 헤어질 수 있구나.'라고 이해하는 척 하기도 했다. 같은 대학에서 같은 전공을 공부하고 있었지만 그때의 나는 마음에 와 닿지 않는 이야기였다. 그런데

오히려 시간이 흐를수록, 대학원에 진학하고, 대학원을 졸업하고, 끊임없이 읽고 쓰고를 반복하면서, 그때 친구의 일화가 떠오르며 그럴 수도 있겠다 싶었다. 시간이 한참 흘러서야 그때 친구의 마음을 이해하고 공감할 수 있게 되었다. 아마, 그 당시 친구의 남자친구였던 상대방은 헤어짐의 이유를 몰랐을 것이고, 어쩌면 지금도 맞춤법이 하나도 맞지 않는 표현들을 쓰고 있을지도 모르겠다.

내가 늘 강의실에서 말과 글을 강조하면서, 말과 글은 스스로를 어필할 수 있는 수단이라는 것을 잊지 말라고 한다. 글 쓰는 것이 너무 싫다는 학생들을 마주하며, 그들에게 글 쓰는 것이, 글을 쓰는 일을 직업으로 가져야만 쓰는 것이 아님을, 우리의 일상은 이미 글로 이루어지고 있는 부분들이 많다는 것을 느끼게 하려고 노력한다. 잠깐 한 학기 정도 버티고 나면, 글이랑 멀어지는 것이 아닌, 한 학기 동안 글이랑 조금이라도 가까워질 수 있는 기회를 만들어주고 싶다. 조금 더 잘 말하고, 조금 더 잘 쓸 수 있다면, 나 또한 조금 더 매력적인 사람이 될 수 있다는 사실을 잊지 말라. 글쓰기 수업이 발판이 되어, 앞으로도 계속 읽고 쓰고 말하는 에너지를 심어주고 싶다. 그러기 위해, 지적인 나의 언어생활을 위해 맞춤법도 잘 사용하면 좋겠다.

이메일 쓰기도 배웁니다

대학에 재직하면서 당황스러운 이메일들을 많이 만나고는 한다.

'메일을 쓰는데 제목을 왜 안 쓰지?'
'메일에 아무것도 없이 첨부파일만?'
보낸 사람 〈어쩌라고〉를 봤을 때는, 가슴이 철렁. '무슨 내용의 메일이지?'

메일이 왔는데, 누가 보낸 건지 알 수 없는 경우, 같은 과목명의 수업을 5-6개씩 하고 있는 데 수업명만 써 있는 경우, 제목도 본문도 없이 첨부파일만 있는 경우 등등. 당황스러운 메일을 한 학기에도 수도 없이 받는다. 그러던 어느 날,

학생들이 메일을 어떻게 쓰는지 모르는 건 아닌가? 메일을 써 본 적이 없나? 어떻게 써야 하는지 들어본 적이 없나? 라는 생각이 머릿속을 스친

다. 이메일은 전자우편, 내가 어릴 때 배웠던 편지 쓰기의 디지털화된 방식인데. 그렇다면, 이메일 쓰기도 가르쳐주어야 하는 것 아닐까? 잔소리로 들리는 내용이면 어찌하나 걱정을 안고 〈이메일 쓰기〉에 대한 강의 내용을 구성했다. 한 학기 전체 중에 딱 30분 정도만. 기본적인 메일 쓰는 방법을, 학생들이 메일을 쓰면서 궁금했던 내용들을 중심으로, 질문을 받아가며 짧고 굵게 진행하기로 했다.

때마침 약 6분 정도의 짧은 영상을 발견하여, 도입부에서 영상을 보여주며, 실제 자신이 썼던 이메일을 견주어 생각하며 영상을 시청하도록 했고, 그 이후에 실제 사례 중심으로 메일 쓰기의 오류를 이야기해주었고, 학생들이 궁금했던 점을 질문을 받아 대답해주었다.

그렇다. 학생들은 메일을 어떻게 써야 하는지 모르고 있는 경우가 많았다. 메일에 어떤 내용을 필수적으로 넣어야 하는지 잘 모르고 있었다. 알려주고 나니 그 다음부터 도착하는 메일들은 누가 보냈는지 명확하게, 용건이 선명하게 적혀 있었다. 이메일은 글로 하는 의사소통이다. 의사소통이 원활하게 이루어지려면 누가, 어떤 용건으로 보낸 것인지 구체적이고 명확하게 드러나 있어야 한다. 이것은 계속 반복해서 이야기한 글쓰기의 기본적인 요건과도 부합한다. 글쓰기의 기본은 장르가 바뀐다고 해서 달라지는 것이 아니다. 장르가 무엇이든 간에, 글쓰기의 기본은 같다. 당황스러운 메일을 받고 '왜 이렇게 보내는 거야?'가 아닌, '몰라서 잘 못 쓰고 있는 것이 아닐까?'라고 생각한 그 순간, 학생들에게 더 친절하게 다가

갈 수 있었고, 그들은 나에게 달라진 메일을 보내고 있다.

> **메일을 쓸 때 주의할 점**
>
> 메일의 아이디는 실명을 유지할 것.
>
> 보내는 이가 누구인지 받는 사람이 바로 확인이 가능하여야 함.
>
> 메일의 제목에는 보내는 이의 소속, 이름, 용건이 간략하게 제시되어 있으면 좋다.
>
> 메일을 받는 사람이 메일함에 접속했을 때, 누가 어떤 용건으로 보냈는지 예측하고 본문을 읽어볼 수 있다면 좋다. 의사소통의 맥락에서 분명하고 효율적으로 전달이 가능하다.
>
> 메일의 본문에는 인사를 간략하게, 용건은 구체적이고 분명하게 작성한다. 마무리 인사도 간략하게 한다. 메일의 본문에 부연 설명을 길게, 미사여구를 화려하게 할 필요는 없다.

이메일은 주로 공적인 의사소통에서 많이 사용한다. 친구와 안부를 물으며, 약속을 잡으며, 이메일로 소통하지는 않으니까. 학생이 교수에게, 직장에서 동료 간에, 업무상 다른 회사의 직원에게 등등. 이메일은 공적으로 이용된다는 점을 기억한다면 쓰는 것이 더 쉬워진다. 나의 소속과 이름을 분명히, 이메일을 보내는 용건을 구체적이고 선명하게. 왜 쓰는가를 생각하면 답이 보인다. 그리고 쉬워진다!

추상적인 생각이라도 구체적으로

글을 쓸 때, 자신의 생각을 구체적으로 써야 한다. 요즘 글쓰기 관련 책이나 강연들을 보면 '독자친화적'인 글쓰기에 대해 언급하고는 한다. 독자의 입장에서, 독자를 고려하여, 독자에게 친절한 글쓰기를 해야 한다는 뜻이다. 나 역시 공감한다. 수업 중에 독자들은 인내심이 강하지 않다고 이야기를 한다.

우리가 서점에 가서 구입할 책을 고를 때나, 도서관에 가서 읽을 책을 고르는 순간을 떠올려보자. 보통 책의 표지, 책의 제목 및 저자, 그리고 목차와 들어가는 말 정도를 살펴볼 것이다. 제목과 목차를 훑어보고, 앞의 1-2장을 쓰윽 읽어본 후, 이 책을 살지 말지, 혹은 빌리지 말지 등을 결정하게 된다. 아주 저명한 저자의 책이나 너무 유명한 책이라 무조건 읽어야 한다는 생각을 갖게 하는 책이라면, 초반이 어렵고 지루해도 어떻게든 끝까지 붙잡아 보려는 노력을 하겠지만, 대부분 우리는 첫 인상으로 판단하게 되는 경우가 많다.

나 역시도 책을 고를 때, 책의 이름과 저자, 출판사, 목차와 서론 부분을 훑어보고 결정한다. 그렇다면, 책의 제목이나 목차에 키워드가 잘 표현되어 있어야 하며, 목차를 통해서 글의 흐름이 논리적으로 보여야 할 것이다. 목차에 논리와 전개가 긴밀하게 표현되어 있다면 독자들에게 매력적으로 다가가겠지만, 그렇지 않다면 독자를 사로잡는데 실패할지도 모른다.

내가 전달하는 생각이나 의미들을 분명하고 정확하게 전달하기 위해서는 추상적인 표현보다는 구체적인 표현이 더 낫다. 제목이나 목차의 짧은 어절이나 구절, 문장으로 표현할 때는 키워드를 명확하게 보여주는 것이 필요하고, 본론을 쓸 때에는 문장 서술을 구체적으로 해야 한다. 현학적인 단어 보다는 쉽고 분명한 단어를 쓰는 게 좋겠고, 자신의 생각을 표현할 때, '좋다, 싫다, 나쁘다, 재밌다.' 등의 인상적인 느낌만을 쓰기 보다는 '무엇이 좋은지, 무엇이 별로인지, 왜 좋은지, 왜 싫은지……'를 문장에서 표현해주는 것이 더 좋은 문장 쓰기라 할 수 있다.

난해한 문장이 아닌, 쉽고 명확한 문장을 쓰길 권유한다. 화려한 문체가 아닌 담백하더라도 진솔한 문체가 낫다. 앞에서 이야기한 것처럼 독자들은 인내심이 강하지 않다. 이해가 잘 되지 않는다면, 자신에게서 이유를 찾는 것이 아니라, 책장을 덮을 테니까.

잽을 날리듯

주로 문장 쓰는 것과 관련된 내용을 많이 이야기했는데, 내용 구성과 관련된 이야기를 해보려고 한다. 앞에서 글쓰기의 기본은 '진솔'하게 쓰는 것이라 말했다. '글의 주제를 명확하게, 진솔하게 쓸 것.' 내가 전달하고 싶은 내용을 진솔하게 쓴다면, 주제를 구체적으로 명확하게 표현하는 것과 가까워질 수 있다. 여기에서 조금 더 나아가서, '어떻게' 구성을 하면 좋을까?에 대해 생각해보자.

학생들의 글을 보면서 내용에 대해 가장 많이 하는 말이, "나열식입니다.", "주절주절 열거만 되어있네요." 등이다. 한 편의 완성된 글이라는 관점에서 보면 나열만 되어있는 글이 얼마나 매력적이지 않은지 생각해볼 수 있다. 나열만 한다면, 글이 처지게 되고, 장황한 느낌만 주게 된다. 어느 학생이 글을 작성하면서 다음과 같은 문장을 썼다.

"초등학교 때에 글쓰기 대회가 있었는데 다른 친구들이 열심히 하지 않길래 상을 타야겠다는 생각에 내 기준에서는 최선을 다해서 글을 썼는데 아무 상도 타지 못했다. 그리고 열심히 하지 않았다고 생각했던 친구가 상을 탔다. 그래도 계속 열심히 해봤는데 다 결과가 좋지 않았다.……"

위와 같이 한 단락을 구성했다. 이 부분에 '문장 서술이 장황함. 나열에 그치고 있음.'이라고 첨삭을 해서 돌려주었다. 자신이 겪었던 일화에 대해서 시간 순서대로 하나하나 쓰면서 문장이 길어지고, 그러다보니 사건의 사실적 전달 외에 글에 대한 감동을 느끼기에는 부족하다. 그리고 문장 호흡이 긴 편이다. 문장을 적절하게 끊어서 쓰는 것이 필요하다. 위 단락을 아래처럼 수정하였다.

"초등학교 때 글쓰기 대회가 열렸는데 친구들은 관심을 갖지 않았고 열심히 하지 않았다. 그 순간 이때 열심히 쓴다면 상을 탈 수 있겠다는 생각이 들어서 최선을 다해 글을 썼다. 하지만 결과는 어떤 상도 받지 못하였고, 열심히 하지 않았다고 생각했던 친구가 상을 받았다. 맥이 풀리는 상황이었다. 그 후로도 열심히 글을 써봤지만 결과는 모두 좋지 못했다."

간혹 학생들 중 하얀 페이퍼 위에 정해진 분량만큼 문장이 채워져 있으면 글을 썼다고 생각하는 경우가 있다. 장황하고 산만한 글자들의 기입

이상의 의미를 갖지 못하는 서술인데도 말이다. 무엇이 나열인지, 무엇이 구성인지에 대한 구별을 못하는 경우도 있었다.

글은 구성이 필요하다. 기본기를 연습했다면, 그 다음에 필요한 것이 바로 글의 '강·약 조절'이다. 권투에서 잽을 날리듯, 치고 빠지는 혹이 필요하다. 우리가 잽을 날릴 때, 똑같은 속도와 힘으로 처음부터 끝까지 가는 게 아니다. '약-약-약-강-약'와 같이 일종의 리듬감을 가지고, 힘을 '빡' 주는 스냅이 필요한 순간이 있다. 노래를 부를 때도 마찬가지이다. 처음부터 끝까지 똑같은 힘으로 부르면 감동이 전달되지 않는다. 음을 정확히 내뱉어야 하는 구간도 있고, 힘을 살짝 빼고 불러야 하는 구간도 있다. 글쓰기도 그렇다. 처음부터 끝까지 똑같은 문장과 여러 사건들을 쭉 늘어놓는 방식으로, 처음부터 끝까지 동일하게 가면 지루해진다. 지루해지면 몰입할 수가 없고, 결국 독자들은 그 글에 대해서 흥미를 느끼지 못한다. 글쓰기에도 한 방이 필요하다. 글쓰기에도 리듬감도 필요하다. 이러한 모든 것은 독자에게 잘 전달하기 위해서이다.

글의 리듬감을 위해, 강·약 조절을 위해서, 어떠한 구성 방식을 사용할 것인가 고민해야 한다. 예를 들면, '서사, 묘사, 비유, 정의, 예시, 비교, 대조' 등 무수히 많은 방식들이 있는데, 글을 쓸 때, 이번 글에서 어떤 방식을 어디에 배치함으로써 글을 좀 더 흥미롭게, 매력적으로 표현할지 고민해야 한다.

  먼저 글 전체의 내용의 덩어리 중에서, 풍부한 서술이 필요한 부분과 요약적 진술로 건조하게 표현하고 지나갈 부분을 정해야 한다. 요약적 진술로 간략하게 표현해도 되는 부분은 특별한 수식 없이, 건조하고 짧은 문장으로 일반적 진술을 한다. 그리고 풍부한 표현이 필요한 부분에 대해서는 효과적으로 전달할 수 있는 방법을 선택하여-묘사, 비유, 비교, 대조, 예시 등- 종이 위에 평면적으로 찍힌 글자를 읽고 있지만 시각적, 청각적 등 입체적으로 전달될 수 있도록 표현해주는 것이다.

  물론, 내용을 어떻게 구성할 것인지, 어떻게 표현하여 전달할 것인지와 관련한 부분은 단 번에 익혀지지 않고, 꾸준한 연습을 해야 한다. 그리고 연습을 통해 자신의 글쓰기의 강점도 찾을 수 있다. 글에서 강·약 조절을 잘 하게 되면, 그 글은 독자들에게 아주 매력적으로 다가갈 것이고, 독자들이 몰입해서 읽을 수 있는 글이 되기에, 재미있다고 느껴질 것이다.

수정하고 또 수정하고

글쓰기의 마지막 단계는 '수정'하기, 즉 '퇴고(推敲)'이다. 수정을 해야 글쓰기가 끝나는 것이다. 하지만 과제물을 받아보면, 많은 학생들이 '쓰고' 난 후 바로 '제출'을 한다. 첫 번째 과제물을 받고 난 후, 강의실에서 종종 묻는다.

"이번 과제를 수행하면서, 수정하기를 한 학생 손 한 번 들어보세요."

어떤 학기에는 몇몇 학생만이 손을 들 뿐이고, 정말 많을 때는 절반 정도의 학생이 손을 든다. 여전히 수정하기를 하지 않는 학생이 반 이상이나 된다는 의미이다. 많은 학생들이 과제물 제출 시간에 맞춰 급하게 글을 작성하고, 시간에 쫓겨 간신히 쓰기를 마무리하고, 제출하기 클릭 완료. 그리고는 휴- 하고 한 숨을 돌릴 것이다.

"다행히, 마감 시간 지나기 전에 제출했네."

그런데, 내가 열어 본 과제 파일들 중에는 너무나 급했던 나머지, 타자를 치던 중에 한글이 영어로 바뀐 줄도 모르고, 문장 중간에 알 수 없는 알파벳들이 나열되어 있는 경우, ㅆ을 ㅅ만 쓰거나, 글자에서 받침 오류가 난 경우, 한글 문장인데 중간에 알 수 없는 글자들이 찍혀서 문장의 의미가 제대로 전달되지 않는 경우 등 다양한 오류의 형태들을 마주하고는 한다. 그리고 이내 씁쓸해진다.

'조금만 더 여유를 가지고 썼더라면. 제출하기 전에 딱 한 번만이라도 읽어봤더라면······.'

위에 언급한 오류들은 제출 전에 한 번만 살펴봤다면, 고칠 수 있는 부분인데, 이런 오류의 흔적들은 쓰는데 급급한 나머지 수정하기를 전혀 하지 않았다는 뜻이다. 글의 구성은 3단계이다.

'계획하기- 쓰기- 수정하기'

우리가 무엇을 쓸지 아이디어를 떠올리고 개요를 짜고, 그것을 바탕으로 본격적으로 글을 쓰는 것과 마찬가지로, 그 이상으로 중요한 것이 '수정'이다. 수정하는 과정은 반복하면 반복할수록 좋다. 글쓰기에 완벽함은 없기 때문이다. 글은 보고 또 봐도, 고칠 부분이 눈에 띄며, 며칠 후에, 혹은 몇 달 후에 본다면 또 고치고 싶은, 고쳐야 할 부분들이 눈에 보인다. 오늘 내가 하는 수정 및 퇴고는, 현재 상황에서 최선을 다하는 것일 뿐이다. 지금 글쓰기에서 할 수 있는 한, 최대한의 노력을 기울인다는 의미이다.

퇴고에서 가장 쉽게 접근할 수 있는 방법은, 아예 틀리게 쓴 오타들을 잡아내는 부분부터 시작하는 것이다. 가장 좁은 범주부터 점점 넓혀 가면서 수정을 한다면 좋을 것이다. 타자를 치면서 범했을 오타들을 올바르게 고쳐 쓰고, 그 다음은 문장 표현들이 자연스러운지, 문장 수정하기를 한다. 단어에 대한 검토도 아울러 해야 한다. 내가 선택한 단어가, 내가 전달하려는 의도를 잘 담아내고 있는지, 잘 표현하고 있는지 검토를 한다. 이렇게 단어 및 문장 수준에서 고쳐 쓰기를 했다면, 이제는 더 큰 범주로 넘어갈 차례이다. 단락 수준에서 살펴보면서, 각 단락의 소주제들이 명확한지, 각 소주제들이 하나의 주제로 모이는지 검토해본다. 그리고 가장 마지막으로 글 전체의 긴밀성 및 통일성, 완성도를 검토하는 것이다.

글 전체의 긴밀성을 유지하는 것이 어려울 것이다. 많은 학생들이 단락과 단락의 긴밀성이나 문장과 문장의 긴밀성을 고려하여 쓰는 것을 어려워하는 것을 경험해왔다. 전체적으로 자연스러운 전개와 흐름이 이어지지 않는다면, 다시 각 단락의 주제와 소주제문들의 연결 고리를 찾아보기를 바란다.

퇴고를 하는 과정에도 시간과 노력이 투자되어야 한다. 위의 과정을 차례로 거치려면, 잠깐 고쳐 쓰기를 해서 마무리가 되는 과정이 아니다. 시간을 갖고 꼼꼼하게 글을 들여다보는 마음가짐이 필요하며, 수정 및 퇴고까지 거쳐야 글쓰기가 마무리 되는 것임을 잊지 말아야 한다. 글 '쓰기'는 쓰는 과정만큼, 쓴 후의 과정도 중요하다. 그리고 '수정하기'까지가 '글쓰기'이다. 최선을 다해, 수정을 했을 때, 스스로 내 글에 대해 당당하고 떳떳할 수 있다.

관찰하는 사람

다시 글의 처음으로 돌아가서 생각해본다. 글의 시작은 '발상'에서부터 시작된다. 아이디어를 떠올려야, 다시 말해 글감을 찾아야 글을 쓸 수 있다. 끄적이는 사람이라는 고백과 끄적이는 힘에 대해 이야기한 것처럼, 발상을 위해서도 끄적임이 중요하다.

우리 주변에는 관찰력이 뛰어난 사람들이 많다. 다른 사람을 잘 흉내 내는 사람의 특징은 관찰력이 매우 뛰어나다는 점이다. 개그맨들이 새 코너를 짜고, 개그 소재를 찾을 때에도 관찰의 힘이 발휘된다. 과학자에게도 관찰하는 눈이 중요하다. 유명한 파브르 곤충 일기도 곤충을 세심하게 관찰하고 기록하는 데에서부터 출발한 것이다. 관찰과 발상의 중요성에 대해서는 늘 공감하며, 깊이 생각하고 있다.

학생들에게 글쓰기에서 무엇이 가장 어려운지, 무엇이 가장 중요한지를 물어보면, '아이디어 짜기', '발상하기'라는 대답이 돌아온다. 즉, 학생들이 첫 단추를 어떻게 꿰어야 할지에 대해 막막해하고 어려워하고 있다는 의미이다.

'첫 단추를 잘 꿰어야 한다'는 속담처럼, 어떤 아이디어를 떠올렸느냐에 따라 글을 쓰는 과정에도, 완성하는 과정에도 영향을 미친다. 관찰하는 눈, 나만의 관점이나 시선 등을 연습하기 위해 학생들과 함께 하는 활동이 있다. 매학기 〈단어 재개념화하기〉를 진행한다. 이미 사전적으로 정의된 단어의 뜻이 아닌, 나의 시선으로 단어를 바라보고 재정의를 해보는 활동이다. 이미 정의된 것과 유사하게 생각은 할 수 있지만 표현은 다르게 할 수도 있고, 단어를 바라보는 나의 시각 자체가 다를 수도 있다. 이 활동을 하면서는 이외수의 『감성사전』이라는 책을 보조적으로 활용한다. 이 책은 책의 제목처럼 '사전'이다. 이외수 작가의 시선으로 의미를 부여한 사전. 여러 단어들을 사전적 정의가 아닌, 이외수 작가의 시선으로 해석하여 의미를 부여하고 있다.

그동안 학생들과 함께 무수히 많은 단어들을 재정의 해봤지만, 그 중에 여러 번 등장했던 것이 '아침'과 '결혼'이다. 유독 이 두 개의 단어에 대해서는 2행시로 정의를 하는 학생들이 여럿 있었다.

아 : 아~~
침 : 침대에서 일어나기 싫다.

결 : 결국
혼 : 혼자가 되는 것

사전에 기술되어있는 뜻이 아닌, 이 단어를 바라보는 비슷한 또래들의 시각을 간접적으로나마 느껴볼 수 있는 시간이 되기도 하였다. 이 외에도 자신만의 독특한 색깔을 강하게 보여주는 학생도 있다. 때로는 내가 이해할 수 없거나 공감할 수 없는 정의를 내리기도 한다. 그럴 때에는 정의에 대한 부연 설명을 물어서, 왜 그렇게 정의를 내렸는지 보충 설명을 듣기도 한다. 서로의 다른 관점의 소통을 경험하는 과정이다. 정답이 있는 활동은 아니다. 한 단어에 대해서, 반복해서 생각하고 다양하게 생각하고, 자신의 시선으로 생각하는 활동을 통해, 밋밋했던 단어가 입체적으로 재탄생할 수 있다.

단어를 재정의함으로써 자신이 그 단어를 바라보는 관점에 대해 인지할 수 있다. 그리고 기존의 단어를 나만의 시각으로 재탄생 시키는 활동이 나의 사고를 유연하게 만들어서 글을 쓰는데 아이디어가 될 수도 있고, 비판적 사고를 키우는데 도움이 되기도 한다. 단어를 재정의할 때 필요한 것도 관찰이다. 단어를 둘러싼 여러 견해들을 바라보고 생각하고, 그 속에서 나의 관점이 생길 수 있다.

일상 속에 있는 모든 것들이 글쓰기의 원천이 될 수 있기에, 주변을 관찰하는 것을 좋아한다. 내 주변의 사물, 사람, 풍경 등 나를 둘러싼 모든 것을 바라보고 또 바라본다. 중요한 것은 그냥 바라보는 것이 아니라, 애정을 듬뿍 담아 바라본다. 관찰에서 가장 중요한 것은 '그냥 본다.'가 아닌 '애정을 가지고 봐야' 보이기 때문이다.

놀이가 될 수는 없을까?

 수업 시간에 정답이 없는 활동을 많이 하는 편이다. 글쓰기는 원래 정답이 없으니까… "이렇게 쓴 건 잘 썼고, 저렇게 쓴 건 못 썼고…" 이분법적이지 않으니까. 글의 다양성을 존중한다. 그렇기 때문에 학생들이 생각하는 과정 속에서, 각자가 생각한 것을 이야기하고 글로 써보는 과정 속에서 재미있었으면 좋겠고, 즐거웠으면 좋겠다.

 얼마 전 수업 준비를 하다가 『호모 루덴스』를 읽었다. 그러다가 곰곰이 생각에 빠졌다. 글쓰기에 놀이의 요소를 적용할 수는 없을까? 놀이처럼 글쓰기를 할 수는 없을까? 며칠을 되뇌었다. 학생들이 어려워하는 글쓰기, 학생들이 부담스러워하는 글쓰기. 그들에게 조금 더 흥미롭게 다가갈 수 있는 방법에 대해서…

 그리고 학생들과 함께 의견을 나누어보기도 했다. 대부분 학생들의 반응이 수업은 평가를 전제로 하기 때문에, 놀이가 될 수 없다는 의견이 우세했다. 놀이가 되려면 우선적으로 평가되지 않는 환경이 갖춰져야 한다는 것이 그들의 생각이었다. 그 가운데에서도, 놀이가 될 수 있다고 의견을 내준 학생들이 몇몇 있었다. 그리고 공통적으로 많이 언급된 것이 '이어쓰기' 활동이었다. 한 편을 혼자 완성하지 않고, 이어쓰기를 통해 내가 써야 하는 문장은 적지만, 다 함께 한 편의 글을 완성하는 것을 통해, 놀이처럼 글쓰기를 할 수 있지 않을까라는 가능성을 이야기했다.

그 이야기를 듣고 수업 시간에 진행했던 〈릴레이 비평문 쓰기〉 활동이 떠올랐다. 다함께 영화 한 편을 감상한 후, 비평문을 한 편 쓰되, 각 그룹별로 뜻을 모아 제목을 정하고, 별점을 매기고, 구성원들이 1-2문장씩 써서 한 편의 비평문을 완성하는 시간이었다. 이러한 방법을 진행한 이유가, 학생들이 한 편의 글을 완성하는 부담감을 느끼고 있어서, 그것을 덜어주기 위한 방법이었다. 부담감을 최소화하면서도, 내가 1-2문장을 쓰는 동안은 앞 문장, 앞 내용과의 연결 고리를 고민하고 생각해서 써야 하고, 다 쓴 글을 통해서는 다함께 한 편의 글로서 통일성, 완전성, 체계성, 내용의 흥미 등을 합평해볼 수 있는 유의미한 시간이 될 것이라는 기대가 있었다. 어떤 학생들은 한 두 문장 쓰는 것도 어려워했다. 그룹마다 완성도의 차이는 있었지만, 어쨌든 주어진 시간 내에 한 편의 비평문을 완성할 수 있었다. 또 그 이후에는 동료 교수님의 아이디어로 〈협동작문 쓰기〉 활동도 하고 있다. 위와 유사한 방식이지만, 글쓰기에 활용되는 소재로 그림을 사용하고 있다.

아직까지는 글쓰기가 놀이가 되기 위해서는 여러 시행착오를 비롯한 노력이 필요할 것이라는 생각이 든다. 놀이가 된다는 의미는, 글을 쓰는 일이 즐거운 활동이었으면 하는 바람인 것이다. 학생들뿐만 아니라, 여전히 내 주변의 지인들도 글쓰기를 어려워한다. 그렇기에 고민은 계속되고 있고, 계속되어야 한다. 나는 오늘도 고민하고 또 고민한다. 놀이가 될 수 있는 글쓰기 방법은 없을까…? 놀이처럼 느끼도록 나는 무엇을 할 수 있을까…?

도서관, 그곳에서는 꿈을 꿀 수 있다

나는 한결 같은 사람인가 보다.

이 책을 집필하면서, 불현 듯 대학원에 다니던 시절 교내 도서관에서 진행한 수기 공모전에 글을 제출했던 일이 떠올랐다. 그때 최우수상을 타게 되어 중앙도서관 관장실에서 열린 시상식에 참석하여 상장과 도서상품권도 선물로 받고, 내가 쓴 글이 도서관에서 발간한 '중앙도서관 뉴스레터 칼럼모음집'에 수록되었다. 그때의 글을 찾아 읽어보니, 이 책에 쓴 글과 동일한 내용을 써 놨더라. 내 삶에서 꽤 강렬하게, 또 삶에 영향을 미치는 일이었나 보다. 그때 수상했던 글을 아래에 옮겨본다. 글의 제목이 '도서관, 그곳에서는 꿈을 꿀 수 있다'였다.

요즘처럼 꽃가루가 흩날리는 날씨, 햇살 가득한 날씨가 마음을 설레게 한다. 교정에는 여러 가지의 예쁜 꽃들과 나무들이 푸

르러서 봄이 왔음을 온 몸으로 느낄 수 있으며 중앙도서관 앞에는 사람들로 북적거린다. 캠퍼스가 아름답기로 유명하여 학교의 건물들은 드라마, 영화 등에서 그 자태를 뽐내기도 바쁘며 그 중 아름다운 도서관은 내부가 더 아름답다고 생각한다.

나는 도서관을 좋아한다. 도서관이라는 자체를 좋아하기도 하며 도서관에 꽂힌 책들도 좋아하고 도서관에 있는 여러 시설들도 다 좋아한다. '도서관'이라는 단어만 들어도 내 마음은 설렌다. 나의 도서관에 대한 사랑은 어렸을 적 기억으로 거슬러 올라간다. 아마도 내가 도서관을 사랑하고 책을 좋아하는 것은 어렸을 때의 체험에서 이어진 것이라고 생각한다. 내가 초등학교 저학년 때 엄마 손을 꼭 붙들고 도서관을 드나들었던 기억이 생생하다. 매주 토요일 오후면 항상 엄마의 한쪽은 손은 내가 잡고 다른 한 손은 동생이 잡고 엄마와 함께 셋이서 나란히 걸으며 도서관에 갔었다. 도서관에 가던 그 길목도 선명하다. 도서관에 가던 날은 대부분 날씨가 화창했다. 화창한 날씨에 흥이 나서 엄마 손을 꼭 잡고 걸어서 도서관에 가면 어린이 열람실에서 이 책장, 저 책장을 기웃거리며 읽고 싶은 책들을 2~3권씩은 꼭 읽고 나왔던 것 같다. 더 읽고 싶은데 시간이 없어서 못 읽은 책들은 빌려서 나오기도 하였으며, 도서관에 나와서 집에 가기 전, 도서관 매점에 들러서 과자나 아이스크림을 하나 들고 집으로 돌아왔던 기억이 있다. 그리고 조금 커서 초등학교 고학년 때에는 단짝 친구와 함께 매주 토요일 하교를 하고 집에 가서 점심을 먹은 뒤, 동네 시장 입구에서 만나 동네에서 가장 컸던 서점으로 들어가 2~3시간씩 책을 읽다가 나오곤 했었다.

아마도 이때의 나의 경험들이 지금까지도 책을 좋아하는 나의 성향에 영향을 주었다고 생각한다. 그래서 그런지 지금도 나는 도서관에 자주 드나든다. 도서관에 드나드는 발걸음은 언제나 즐겁다. 책장 사이에서 책을 고르는 즐거움, 책을 읽는 즐거움…

학교에 입학해서도 가장 먼저 가본 곳은 도서관이었다. 도서관 외관부터 멋있다는 생각이 들었는데 도서관 내부 또한 잘 되어 있었다. 도서관에서 내가 가장 좋아하는 곳은 개가열람실이다. 물론, 열람실, 도마루, 그리고 중앙박물관까지 좋은 장소들이 많지만 역시 도서관이라고 하면 책이 가장 많은 개가열람실이 가장 먼저 떠오른다. 공부를 하지 않아도, 책을 읽지 않아도 습관처럼 학교 도서관에 들러 책장 속에서 시간을 보내다가 욕심을 부려 이 책 저 책 가득 빌려 나오곤 했다. 그리고는 그 중에 절반 정도밖에 보지 못하고 다시 반납을 하는 일을 반복했던 것 같다. 내가 빌린 책을 다 읽으면 더 좋겠지만 책을 다 보지 못하더라도 그냥 책 속에 파묻혀 있거나 책을 가득 빌려 나오면 뿌듯하다. 내가 그 책을 다 읽겠다는 의지도 솟는다. 그래서 언제나 내 자리에는 책들이 가득하고 사람들은 도서관을 만드냐고 한 소리씩 거들기도 하지만 어쨌든 나는 책이 좋다.

내가 도서관을 좋아하는 가장 큰 이유는 그 곳에선 꿈을 꿀 수 있기 때문이다. 도서관에는 정말 다양한 책들이 많다. 내 전공이 국어국문학이지만 그 곳에서는 난 국문학 전공자가 아니어도 된다. 내 손만 뻗으면 뭐든지 다 볼 수 있는 것이다. 물론, 독서량으로 따지면 전공 관련 서적이 가장 많겠지만, 도서관에서의 나는 전공과 상관 없는 소설, 역사, 여행, 요리 등, 나의 관심사들도 모두 접할 수 있다. 나의 취미 생활은 베이킹인데, 도서관에서는 전문가가 될 수도 있다. 베이킹과 관련된 책이 가득한 책장 코너에 멈춰 서서 이 책 저 책 살펴보고 연구하면 꼭 내가 파티쉐가 된 듯한 느낌이 든다. 또한 실제로 도서관에 있던 책들 덕분에 나는 다양한 빵, 쿠키, 케이크들을 만들 수 있었고 다양한 정보를 얻게 되었으며, 또한 베이킹에 대한 꿈을 키워나갈 수 있었다. 도서관에서 나는 뭐든지 꿈 꿀 수 있다. 지금은 국문학자와 파티쉐라는 꿈을 꿨지만 내일은 여행가의 꿈을 꿀 지도 모른다. 그리고 나의 관심사들을 더 질적으로 높여주는 곳이 바로 도서관인 것이다.

도서관은 꿈을 꿀 수 있게 하며 꿈을 이룰 수 있게 하는 희망의 공간이며, 나에겐 빛 바랜 오랜 친구같이 편안하며 또 언제나 신선한 공기를 느끼게 해 주는 공간이다.

2009년도쯤에 쓴 수기다. 2009년도의 내 가슴 속에서도 엄마와 여동생과 함께 도서관에 놀러 갔던 일, 초등학교 때 친구와 함께 서점에 놀러 갔던 일이 강렬한 기억으로 남아 있었다. 그리고 그로부터 약 15년이 지난 지금 역시 두 가지 일화는 가슴 속에서 선명하다. 지금의 나의 모습에 영향을 주었음이 분명해 보인다. 자연스럽게 책과 가까이 지냈고, 내적 친밀감 역시 강했나 보다. 어쩌면 대학을 국어국문학과로 진학하고, 졸업 후 대학원에 입학하여 공부를 이어가고 지금도 공부하고 연구하고 강의하는 모습들이 우연이 아니었을지도. 계속 같은 점을 찍으며 이어지고 있었는지도…

Part Ⅲ.

내일도 쓰겠습니다

쓰는 게 좋아서

대학원을 다닐 때 한동안 논문 외의 다른 글쓰기에 집중한 적이 있었다. 쓰는 일을 좋아하는 편이었던 것 같다. 대학을 다닐 때 희곡을 써 보고 싶다고 생각한 적도 있었다. 한동안은 연극 대본을 쓰고 싶었고, 한동안은 드라마 대본이 쓰고 싶었다. 2년 차이의 동생이 연극영화과에 입학하면서 내가 쓴 대본으로 동생이 공연을 하는 꿈을 꾸기도 했다. 하지만 생각만 했을 뿐 실제로 써보거나 시도를 하지는 않았다. 당장 눈앞에 해야 할 글쓰기가 닥쳐 있어서, 다른 글쓰기를 하는 건 엄두를 내지 못했다. 핑계라면 핑계이지만...

대신 짧은 호흡의 다른 글쓰기를 찾았다. 교내의 대학원보의 독자 서평란에 책 3권을 읽고 하나의 글로 엮어서 서평 한 편을 써서 싣기도 했고, 한국어문회에서 나오는 잡지에 간단한 서평을 쓴 적도 있다. 그보다는 좀 더 대중적인 글을 쓰고 싶어서 기업은행 사보에 2번 정도 글을 써서 기고한 적이 있다. 두 번의 글은 모두 기업은행 사보에 남아 있다.

나의 생각을 문장으로 풀어내는 일이 좋았다. 그리고 지금도 좋아한다. 내가 하고 있는 공부를 대중들과 함께 나누고 싶었다. 그래서 기업은행 사보에 글을 실었다. 내 기억으로는 그때 사보 담당자로부터 일부 독자가 글을 어려워한다고 피드백을 들었다. 그때 더 쉽게 이야기를 풀어내지 못한 나 자신에게 위축되었다. 내 전공인 고전문학을 현대적으로 쉽게, 재미있게 쓰고 싶었는데.

지금도 책을 읽는 일이 좋다. 글을 쓰는 일이 좋다. 글을 쓴다는 것은 쉽지 않은 일이지만, 스트레스도 동반하고 좌절도 안겨주지만, 여전히 쓰는 일이 좋다. 책을 읽고, 글을 쓰는 일(논문이지만)을 업으로 삼고 있어서 즐겁다. 문득 문득 내가 좋아하는 일을 업으로 삼고 있다는 사실에 행복하다.

글쓰기를 배우지 않는 현실

글쓰기를 배워본 적이 있는가? '국어'는 배우지만 '글쓰기'를 배우지 않는 것이 우리의 현실이다. 초·중·고등학교를 지나오면서 〈국어〉를 배웠다. 〈읽기와 말하기〉, 〈쓰기〉, 〈문학〉, 〈작문〉 등의 교과목이 있었다. 〈쓰기〉 시간에, 〈작문〉 시간에 글쓰기를 배웠었나? 그 시간에 무엇을 배웠었나? 곰곰이 곱씹어보게 된다.

우리의 국어 교육은 언어 영역 문제에 대한 답을 푸는 입시 방법 안에 갇혀있다. 〈작문〉이라는 교과서의 역할이 무엇인가 생각하게 된다. 그때도 주어진 문제 속에서, 문장을 적어내려갔던 기억 외에는 딱히 떠오르지가 않는다. 앞에서, 잠시 언급했듯이 한때 '속독'이 열풍이었던 때가 있었다. 그 당시 잠시 속독을 배운 적이 있었다. 지금 생각해보면, 이 또한 지문을 빨리 읽고 이해해서 문제의 답을 빨리 골라내기 위한 훈련이었다는 생각이 든다. 언어와 관련된 우리 사회의 교육들은 입시와 맞물려 있다.

책을 읽는다는 것은 세계관을 확장해주고, 사고를 더욱 넓게 깊게 할 수 있게 해주며, 그리고 문해력을 키우는 일인데, 우리는 지문을 빨리 정확하게 읽어서 정답을 맞추는 일에 목적을 두고 교육을 받아왔다.

얼마 전 아이의 담임선생님과의 상담이 있었다. (아이는 초등학생인데, 초등학교에서는 한 학기에 한 번씩 담임선생님과의 상담 주간이 있다.) 아이 학교에 방문하여 선생님과 마주 앉았다. 아이에 대한 이런 저런 이야기를 나누던 중에, 국어 및 독서에 대한 이야기가 나왔다. 선생님께서 반 아이들이 책을 처음부터 끝까지 차분히 읽지 않고, 문제에 대한 답을 찾기 위한 독서 현상이 보인다며 안타까워하셨다. 너무 공감이 되는 이야기라, 선생님과 이에 대해 좀 더 대화를 이어가게 되었다. 학교에서 학생들에게 배부되는 독서 교육을 위한 교재의 구성을 보면, 각 책마다 질문이 몇 가지 구성되어있다. 책을 처음부터 끝까지 꼼꼼하게 읽는 후에 독서 노트를 작성해야 하는데, 독서 노트의 질문의 답을 찾기 위해 책을 읽는 상황이 되는 것이다. (주변 아이 친구의 엄마들을 보면, 초등학교 저학년 자녀를 독서, 토론, 논술 학원 같은 곳에 보내는 경우가 꽤 있는데, 부정적인 입장이다. 책을 읽는 아이로, 책을 읽고 생각하는 아이로, 아이의 머리와 가슴을 풍성하게 해주는 데 긍정적이지 않다고 보기에...)

초등학교 때부터 고등학교 때까지, 12년 동안 국어 교육을 받았지만 여전히 글쓰기가 어렵고 두려운 인간으로 존재하는 데에는, '국어'는 배웠지만 '글쓰기'는 배우지 못했기 때문이다. 나 또한 12년 동안 '쓰는 사람'으로 살지 못하였지만, 지금은 '쓰는 사람'으로 살고 있다. 기술은 나날이 발전하고 있으며, 소설을 쓰는 AI도 등장한 시대에 살고 있다. 기술이 발전할수록 기본이 필요하다. 스스로 읽고 생각하고, 끄적이는 인간으로 존재해야 한다. 나의 생각, 나의 언어는 누가 대신해 줄 수는 없을 것이다. 긍정적으로 생각해본다. 100세 시대니까 20대에 글쓰기를 시작한다면, 지나온 시간보다 훨씬 오랫동안 쓸 수 있다고 생각하며 오늘도 쓴다.

더 빛나는 나를 위하여

나의 글쓰기는 늘 현재진행형이다. 강의 시간에 학생들에게 자주 다음과 같이 말한다.

"제가 여러분들에게 글쓰기를 가르치고 있는 것은 여러분 보다 더 잘 쓰기 때문이 아닙니다. 다만, 여러분 보다 글쓰기 경험이 더 많을 뿐입니다. 여러분들보다 더 많이 읽어봤고, 더 많이 써봤기 때문에 글쓰기를 이야기할 수 있는 것이지요."

그렇다. 난 늘 이렇게 생각한다. 내가 글을 잘 쓴다기보다는, 글을 좀 더 잘 읽을 줄 알고, 읽어봤고, 읽는 중이고, 또 쓰는 중이다. 우리가 살아가면서 나를 표현하는 방법은 말과 글뿐이다. 누군가를 만나, 대화를 하는 것은 '말'로 의사소통을 하는 것이고, 어딘가에 취업을 위해서 제출하는 입사지원서는 '글'이다. 우리가 직접 대면하여 나를 표현할 수 있는 방법은 말이고, 간접적으로 대면하여 나를 표현하는 것은 글인 것이다. 심지어, 요즘에는 핸드폰으로 연락을 주고받을 때에도 글-000톡-로 이루어진다.

그러니, 평생 말과 글을 사용하지 않고서는 살 수가 없는 것이다. 곧 말하기와 글쓰기란, 평생의 동반자와도 같다. 전공에 따라서 나는 글쓰기와 전혀 관련이 없고 불필요하다고 생각할지도 모른다. 실제로 강의실에서 학생들을 만나면 그렇게 이야기하는 학생을 만나기도 한다. 학기 초에 진행한 설문조사에서 어느 학생이 "필수가 아니었다면 듣지 않았을 과목"이라고 적어내기도 했다. 아마 강의를 막 시작한 초보 시절에, 이런 말을 들었다면 굉장한 충격이었겠지만 다행히도 10년이 넘는 시간 동안 내공이 쌓인 후라 그 학생의 마음이 헤아려져서, '그럴 수도 있지.'라고 생각하며 고개를 끄덕였다.

우리나라의 많은 대학들이 교양 필수 교과목으로 글쓰기를 지정하고 있고, 그렇기 때문에 학생들은 대학에 입학한 이상 졸업을 위해서는 반드시 들어야만 한다. 많은 학생들 중에는 흥미를 갖고 강의에 참여하는 학생도 있지만, '어쩔 수 없이', 그저 졸업을 위해서 듣는 경우도 많다. 한 학기 혹은 두 학기의 강의 수강만으로 글쓰기 실력이 눈에 띄게 향상되지 않는다. 그래서 항상 학생들에게 동기 유발을 위한 이야기들을 많이 하는 편이다.

평생 살아가면서 나를 보여줄 수 있는 건 말과 글뿐이다. 누군가를 만나 하는 것은 '말', 만나지 않고 나를 표현할 때에는 '글'이라는 중요성을 깨우쳐주기 위해 '잔소리'를 많이 한다. 외국의 여러 대학들에서도 글쓰기를 필수 교과로 지정하거나, 공대에서도 의사소통 과목을 개설하는 경우를 본다면 글쓰기란 전공 불문하고 필요한 일인 것이다. 세계적인 명문 대학인 MIT(매사추세츠 공과대학교)에서도 1982년부터 글쓰기센터를 운영하는 중이고, 학생들에게 글쓰기 교육을 중점적으로 시키고 있다. 한때는 주로 공대계열 학생들과 수업을 하던 시기가 있었고, 지금도 공대계열 학생들을 많이 만나고 있다. 전공 불문하고 글쓰기가 필요함을 호소하는 학생들이 많다. 극단적으로는 한 반에 글쓰기에 관심 없는 문예창작학과 학생과, 글쓰기에 관심이 많은 공대생을 동시에 마주하기도 했다.

즉, 내가 하고 싶은 이야기는 내가 전공한 학문, 그리고 생계를 위해 하고 있는 일이 무엇인지와 관계없이 우리는 죽을 때까지 말하고 쓴다는 것이다. 잘 말하고, 잘 쓰는 것은 나를 잘 드러내기 위함이다. 가장 많이 쓰고, 많이 읽고 있는 우리다. 글을 쓰는 행위를 글쓰기라고 의식하는 순간 어려워진다. 글쓰기라고 의식하지 않으면 잘 쓸 수 있다고 생각한다. 나를 표현하는 수단이기에, 오늘도 말하고 쓴다. 오늘보다 내일, 내일보다 모레가 더 나은 내가 되기 위해, 오늘보다 내일, 내일보다 모레는 조금 더 잘 말할 수 있고, 조금 더 잘 쓸 수 있다면 좋지 않을까.

더 빛나는 인생(삶)을 위하여

 더 빛나는 나는 곧, 더 나은 내 삶을 완성해줄 수 있다. 내가 잘 말하고, 잘 쓸 수 있다면 타인에게 나를 더욱 매력적으로 어필할 수 있을 것이다. 우리는 실제로 말 잘하는 사람을 동경하는 경우가 많다. 인기 있는 많은 방송인들을 보면 달변가인 경우가 많다는 것도 이를 보여주는 사례이다. 말을 조리 있게 하는 사람, 말을 재미있게 하는 사람 등 말을 어떠한 방식으로 하는지는 각기 다르다. 하지만 우리는 말을 재미없게 하는 사람, 지루하게 하는 사람, 장황하게 하는 사람보다는 간결하고 명확하면서도, 위트있고 재치있는 말솜씨를 갖는 사람에게 끌리는 것은 분명하다.
 말에 있어서도, 글처럼 나의 습관을 알고 내 강점을 장착하면 된다. 나는 주로 어떤 말투를 가진 사람인지, 내가 말 할 때 특유의 습관은 없는지, 등을 생각해보자. 어떤 사람을 말하면서 계속 스읍-하고 공기를 들이마시는 소리와 같은 추임새를 붙인다거나, 말 중간중간마다 응?이라는 추임새를 붙이는 등의 특이한 습관을 가지고 있는 경우가 있다. 말하는 사람은 잘 모르는 습관이다.

나의 절친인 대학교수 K는 임용 과정 중에, 공개 강의를 진행했다. 면접 위원인 교수들과 몇몇의 학생들이 함께 강의실에 앉은 채로 공개 강의를 했는데, 강의가 모두 끝나고 어느 학생이 손을 들고 질의를 했다고 한다. 그 학생이 강의 내용과 관련된 질의 외에, 한 가지 코멘트를 더 덧붙였는데...

"교수님이 자꾸 중간에 쏩-하는 숨을 들이마시는 소리를 내셔서 내용 전달에 방해가 됩니다."

라고 했다고 한다. 오랜 시간 옆에서 지내왔던 나도 알고 있었던 그의 습관이었다. 하지만 그는 그날 학생의 코멘트로, 자신의 언어 사용 습관에 대해 깨닫고 생각하게 되었다고 했다. 우리가 말하는 언어들(추임새를 포함한)은 나에게는 무의식적으로 베여있는 습관이자 익숙한 것이라, 잘 깨닫지 못하는 경우가 많다. 실제로 강의실에서 만나는 학생들도, 습관으로 보여지는 작은 행동이나, 말버릇 같은 것을 이야기해주면 미처 모르고 있었다는 반응이 많았다. 물론, 이러한 점에서는 나도 예외일 수는 없다. 지금 이 순간 나 또한 내가 인지하지 못한 나의 말버릇이 있을 것이다.

오늘부터는 내가 사용한 언어-글과 말-에 관심을 가져보자. 모든 것은 관심에서부터 시작이다. 내가 관심을 갖고 애정을 쏟으면 그동안 보이지 않던 것들이 보이기 시작한다. 내 앞에 다시 살아나기 시작한다. 요즘도 나는 강의할 때, 내가 이야기하고 있는 그 순간순간을 스스로 인지하려고 노력한다. 지금 입 밖으로 내뱉어지는 언어들의 연결이나 흐름이 자연스러운지 아닌지 말하는 동시에 머리로도 인지하려고 노력한다. 이때, 언어의 연결뿐만 아니라 목소리의 톤이나 어투에도 계속 신경의 각을 세우고 있다. 즉, 항상 스스로 말하는 순간마다 자기 검열을 동시에 하기 위해 촉각을 세우고 있는 편이다.

나의 습관을 스스로 인지하기가 어렵지만, 의식적으로라도 노력하면 발견할 수 있기 때문이다. 그런 나의 노력이 상대에게 닿은 것인지 어떤 학생은 아나운서 같다고 이야기를 한 적도 있다. 그때 속으로 굉장히 기분이 좋았다. 10년 넘게 강의를 하고 있지만, 앞에서 말했던 것과 같이 스스로 목소리에 대한 콤플렉스가 크다. 그런데 듣는 사람의 입장에서 나의 언어에 대해 칭찬을 해주니 너무 기뻤다. 학교 다닐 때 아나운서를 준비했었냐며 상담을 하고 싶다는 학생도 있었다. 그럴 때면 나의 노력이 노력에만 그치지 않고, 빛을 조금씩 내고 있다는 생각이 들어 위안이 되기도 한다.

우리가 언어를 사용할 때, 듣기·읽기가 안으로 들어오는 과정이라면, 말하기·쓰기는 밖으로 내보내는 과정이다. 말하기와 쓰기는 나를 표현하는 형식이자, 나를 어필하는 방법이다. 나를 어떻게 표현하고, 어필하느냐에 따라 나의 매력도 달라질 것이다. 더 빛나는 내가 되기 위해, 더 빛나는 나의 삶을 위해 내가 사용하는 언어의 반짝거림은 꼭 필요하다.

락(樂)을 위하여

공자가 쓴 『논어』에 보면 다음과 같은 구절이 있다.

> 子曰, 知之者 不如好之者. 好之者 不如樂之者.

『논어』의 <옹야(雍也)>편에 나오는 너무나 유명한 구절이다. 공자가 말하기를 "아는 자가 좋아하는 자만 못하고, 좋아하는 자가 즐거워하는 자만 못하다."라는 구절인데, 여기에서 의미하는 아는 자는 도(道)를 아는 것을 말한다. 하지만, 이 구절은 우리 삶에 다양하게 적용할 수 있다. 학생들에게 이야기의 글감을 정할 때, 글쓰기를 이야기할 때 간혹 이 구절을 이야기해주기도 한다.

먼저 이 구절의 의미를 이해해보면 다음과 같다. 안다는 것은 도가 있음을 아는 것이고 좋아하는 것은 좋아하되 아직 얻음이 없는 것, 즐거워한다는 것은 얻은 바가 있어서 즐거워하는 것이다. 여기에서 말하는 '아는 것, 좋아하는 것, 즐거워하는 것' 중에 최고의 경지는 '즐거워하는 것' 에 있다. 이것을 글쓰기에 응용해보자면, 글쓰기의 필요성을 알고 시작 하는 단계, 글쓰기를 하고 있지만(할 수 있지만) 얼음이 없는 단계, 글쓰기 를 통해 성취감을 느끼며 즐거워하는 단계가 있을 것이다. 선생으로서 학 생들에게 글쓰기의 즐거움[樂]을 줄 수 있다면 가장 뿌듯한 일일 것이다. 글쓰기를 가르치면서 가장 궁극적으로 바라는 바는 글쓰기에 대해 흥미 를 가지면 좋겠다고 생각하고, 글쓰기에 재미를 느낄 수 있다면 좋겠다. 하지만 대학교에 막 입학한 신입생이, 글쓰기를 이제 막 시작한 초보자가 바로 글쓰기의 즐거움[樂]까지 알기는 어렵다. 즐거움의 경지까지 가는 길 이 보이지 않더라도, 나는 내딛는 그 첫 발을 매우 소중하고 중요하게 생 각한다. 우리 속담에 '천 리길도 한 걸음부터', '첫 술에 배부르랴'와 같은 말들이 왜 있겠는가. 그래서 나는 학생들에게 글쓰기의 필요성을 어필한 다. 쓴다는 것은 나의 생각을 밖으로 보여주는 행위임, 우리가 살면서 밖으로 표현하는 일은 말하는 것 또는 쓰는 것임을. 글쓰기에서의 즐거 움[樂]이란 작가처럼 잘 써야만 얻는 것은 아니다. 나는 그렇게 생각한다. 내 생각을 표현해내는 진솔한 문장 속에서 그동안 느끼지 못했던 감정을 느낄 수도 있다. 지금 당장은 아니더라도 글을 쓴다는 것이 즐거운 일이 되기를 소망해본다.

완벽하지 않으면 어떠한가

 완벽한 사람은 없다. 완벽한 글도 없다. 완벽하지 않은 것이 글이다. 글쓰기는 언제나 현재진행형이다. 내가 글 한편을 완성해서 제출하였다고 하자. 이 완성이라는 것은, 완성이라기보다는 '타협'이다. 원고 마감 시간과 나와의 타협. 원고를 한 번에 써서 제출하는 일은 없다. 2번, 3번, 4번…… 무수히 보고 또 본다, 시간이 허락할 때까지. 그리고 정말 최종 마감 시간이 될 때쯤이면 타협한다. '이 정도면 됐다.'
 그리고 며칠 후, 몇 달 후, 혹은 몇 년 후 다시 열어보게 된다면, Oh my god!을 외칠지도 모른다. 너무 부끄러워 숨고 싶어질지도 모른다. 2018년도에 한문학 관련 전공 강의를 하면서, 그보다 더 몇 년 전 기업은행 사보에 썼던 글을 학생들에게 보충자료로 보여줬던 적이 있었다. 그날, 50명이 넘는 학생들과 함께 내가 쓴 글을 다 함께 읽었다. 설명이 끝난 후, 내가 마지막으로 덧붙인 한마디는

"이 글은 이제 수업 시간에 사용하지 말아야겠습니다."였다.

그때 당시에는, 꽤 괜찮다고 생각했던 글이 다시 보니 민망했기 때문이다. 글이란 이런 것이다. 보면 볼수록, 고쳐야 할 부분이나 고치고 싶은 부분이 눈에 보인다. 이렇게 쓰면 더 좋았을 걸 하는 아쉬움도 남는다. 그러니, 스스로의 글에 대해 완벽하지 않다고 질책하거나, 자책하지 말아라. 애초에 완벽한 글은 없으니까.

한 번은 지방의 ○○대학교에 특강을 하러 간 적이 있었다. 청중은 학생이 아닌, 교강사들이었다. 그 학교에서 글쓰기를 강의하는 사람들이 앉아있는 강의실을 들어서면서, 약간의 긴장을 했다. 약 1시간 정도의 강의가 끝나고, 질의응답 시간을 가졌다. "글을 잘 쓰려면 어떤 책을 읽어야 하나요?", "첨삭은 어떻게 하시나요?", "한 편의 글을 첨삭하는데 어느 정도의 시간이 걸리나요?" 등등. 질문 폭탄을 받고 머릿속은 이미 정신이 하나도 없었다. 하나의 질문에 대답을 마치면, 끝나기가 무섭게 질문의 연속이었다.

하지만 질문의 내용은 학생들이나 교수들이나 다르지 않다는 것을 이미 눈치 채셨는지. 글쓰기 강의를 하고 있는 사람들도 글쓰기를 잘 할 수 있는 책이 있는지 궁금하다. 글쓰기는 타고난 실력이라기보다는 얼마나 더 많은 경험을 쌓았느냐의 문제이다. 나는 학생들에게 이런 말을 자주 한다고 앞에서 고백한 바 있다.

"제가 여러분들보다 뛰어난 실력을 갖고 있기 때문에, 글쓰기를 가르치고 있는 것이 아닙니다. 여러분들보다 써 본 경험이 더 많기에 강의를 할 수 있는 것입니다."

그리고는 한 마디를 더 덧붙인다.

"제가 말하는 것 또한 정답을 이야기하는 것이 아닙니다. 여러분들의 현재 글쓰기가 조금 더 나아지는데 도움이 되고자 조언을 하는 것입니다. 제 의견에 동의하지 않으면 언제든지 우리는 글에 대해 소통을 할 수 있습니다. 그리고 할 수 있어야 합니다."

학생들 앞에 서서, 항상 자신할 수 있는 부분은 학생들보다 더 많은 책을 읽었고, 다른 사람들(작가든 작가가 아니든)이 쓴 여러 글들을 더 많이 읽었으며 여전히 읽고 있다는 것이다. 글에 대한 다양한 경험이 있기에, 학생들에게 강의도 할 수 있고 조언도 할 수 있다.

그리고 나 역시도 여전히 완벽하지 않다. 오늘보다 내일 더 잘 쓰고, 잘 말하기 위해서 오늘도 생각하고 읽고 쓰는 중이다. 완벽하지 않기에, 계속 읽고 쓰고 할 수 있어서 매력적인 것이 아닐까.

노력이 쌓여 실력으로

앞에서 이야기했던 모든 것들은 '노력'이다. 그 노력의 결과가 성공적이든, 성공적이지 않든 나의 도전과 연습, 시도 등등에 대해서 높게 평가하면 좋겠다. 무엇이든 해보지 않고, 그것에 대해 논할 수 없다. 지금 당장 의미 없어 보이는 생각들, 메모들. 이 모든 것이 노력의 산물이 될 거라 믿는다.

내가 초·중·고를 다니던 시절, 선생님들로부터 글쓰기를 잘한다는 칭찬을 들어왔다. 심지어 고등학교 3학년 때 담임선생님의 그러한 칭찬과 격려 덕에, 대학도 논술 비중이 높은 전형으로 입학을 했으니까. 그래서 나는 내가 진짜 글쓰기를 잘하는 줄 알았다.

워낙에 무엇이든 버리지 못하는 성격 탓에, 초등학생 때 했던 숙제들부터 대학원 강의를 들었을 때 작성했던 발표 및 과제물을 아직도 가지고 있다. 가끔 옛날에 했던 과제들을 들쳐보면 부끄럽다. 초등학교 때의 독후감 과제를 보면, 너무 유치해서 손발이 오그라들고, 대학교 때의 과제를 보면 왜 좀 더 잘하지 못했을까? 라는 생각도 든다. 하지만, 초등학생 때 쓴 일기장이 수십 권, 독후감을 비롯한 다양한 글을 쓴 흔적이 많은 걸 보면 잘한다는 칭찬 덕에 계속 써왔던 것이 아닐까?

잘한다는 칭찬에 쓰고 또 썼던 것 같다. 누군가가 나에게 해줬던 칭찬이, 또 칭찬 때문에 잘한다는 믿음이 생겨 반복적으로 글쓰기를 했던 것 같고 그 덕에 지금의 내가 있다고 생각한다. 그리고 또 하나는 다행히도 내가 아주 '성실'한 사람이라는 것이다. 내가 가진 성실함의 덕을 봤다. 무엇인가 한 번 시작하면 꾸준한 성향이 있다. 시작하기 전까지 할까 말까 망설이더라도, 어떤 것을 하기로 한 순간부터는 1년이고 2년이고 미련하다 싶을 정도로 그냥 한다. 아마도 나의 이런 성향이 글을 쓰는 데도 도움을 주었던 것 같다.

결국 글쓰기는 훈련이다. 반복적인 훈련. 그 반복된 노력이 쌓여, 언젠가는 결실을 맺을 것이다. 단숨에 이루어지는 일은 그만큼 단숨에 사라질 가능성도 있다. 기초부터 아주 튼튼하게 쌓아서 기반을 단단하게 다져놓으면 그만큼 흔들리지 않고 알맹이가 튼실한 결과를 맺을 수 있다.

그렇기에 끊임없이 생각하고, 끊임없이 끄적일 것이다. 어떠한 방식으로든. 사소한 습관에서 언젠가 커다란 결실을 맺게 될 것임을 알기에. 노력이 쌓여 실력이 되는 그날까지.

학생들과 함께 성장하는 중

완벽하지 않은 선생이지만, 나를 완벽한 사람처럼 느끼게 해주는 학생들 덕에 언제나 힘을 얻는다. 내 수업을 들은 모든 학생들이 나에게 100점을 주지는 않을 것이다. 매학기 수업을 듣는 모든 학생들의 입맛을 완벽하게 맞출 수 없다는 사실도 잘 알고 있다.

나는 타인의 시선을 굉장히 신경 쓰는 성향의 사람 중에 한 명이다. 타인이 나를 어떻게 볼까 신경 쓰느라, 예민해져 있거나 스트레스를 받던 순간들도 있었다. 그래서 강의를 시작한 초반에는, 학생들이 내 강의에 대해 어떤 평가를 할지, 또 매 수업시간마다 지금 내뱉은 말 한마디에도 어떤 반응을 보일지 촉각이 곤두 세워져 있던 순간들이 있었다. 그래서 누군가 한 명이라도 수업에 대한 부정적인 평가를 하면, 그 말이 가슴에 문신처럼 새겨져서 나를 짓누르고는 했다. 심지어 어느 학기에는 강의 평가를 보자마자, 두통이 생겨 며칠을 고생한 적도 있었다.

하지만, 매학기 수업을 들었던 학생 중에 한두 명은 쪽지나 편지를 건

네기도 한다. 이런 학생들 덕에 에너지가 충전되고 다시 힘을 내어 다음 학기를 준비한다. 글쓰기 수업을 한 지, 어느덧 10여 년이 흐른 시간 동안 참 많은 학생들을 만나왔다. 그 학생들을 수로 센다면, 적어도 2000명 이상의 학생들이 내 글쓰기 인생의 일부를 함께 했다. 늘 나의 강의가 학생들의 인생에서 글쓰기가 필요할 때 조금이라도 도움이 되길 바란다. 그리고 수업의 인연은 끝났을지라도 그들의 인생 속에 글쓰기가 필요한 순간에 도움이 되고 싶다. 늘 나의 진심이 그들에게 닿기를 바라는 마음으로 함께 하는 중이다.

몇 년 전 어느 학기에 글쓰기를 주제를 선정하면서, 여러 주제 중 하나가 '글쓰기'와 관련된 주제였는데, 의외로 많은 학생들이 그 주제를 선택하여 작성하였다. 그때 한 학생이 제출했던 글의 서론에서 "글 쓰는 것과 타자치는 게 귀찮은 나는 평소에 폰으로도 줄임말을 남발한다."고 고백을 하였다. 그러면서, 글쓰기 수업을 통해서, 변화된 자신의 행동이나 습관에 대한 이야기들을 본론에 구성하였고, 마지막 단락에서 "글을 쓰는 것에도 늦바람이 났는지 평소에 거리가 멀었던 일기를 쓰고 있다."라고 서술한 부분에서 내 눈이 멈췄다. 너무 반가운 늦바람이었고, 기분 좋은 늦바람 소식이었다. 그 부분을 읽으면서 밑줄을 쫙 긋고, "응원합니다."라고 적었다. 그 바람이 지금도 불고 있는 중인지는 모르겠지만, 그 늦바람이 잠시 부는 바람이 아니었기를, 여전히 늦바람이 부는 중이길 바랄 뿐이다.

학생들은 늘 나의 또 다른 스승이자, 에너지의 원천이다. 강의실 안에서 그들과 함께 눈을 맞추고, 소통하는 그 시간이, 즐겁다. 나를 생기 있고, 에너지를 넘치게 해준다. 학생들과 함께 글을 쓰기 위한 소재 선정이나 주제 관련 토론을 할 때면, 그들의 생각에서 배우기도 한다. 머릿속에 있는 풍부한 글감들을 떠올리고 표현하는 학생들을 보며 옥석을 다듬을 수 있게 도와줘야겠다고 생각한다.

'아날로그적인 강의가 마음에 들었다는 학생', '1교시 수업이었지만 일주일 중 가장 기다리는 수업'이라고 이야기 했던 학생 등 지금도 마음속에 선명하게 남아있는 학생들의 이야기를 가슴에 새기고, 또 한 발 내딛을 준비를 한다. 언제나 학생들과 함께 소통하며, 그들도 나도 한 뼘 더 성장하는 중이다.

네버엔딩 글쓰기

 죽을 때까지 글쓰기는 끝나지 않는다. 어떤 형태로든 글쓰기와 말하기는 지속된다. 글을 써야 해서 괴로울 때도 있지만, 글을 쓰지 못해 괴로울 때도 있다. 나에게 가장 글쓰기의 욕구가 간절했을 때는 출산 직후였다. 내가 지금까지 경험한 인생을 둘로 나누라면, 아이를 낳기 전과 낳은 후이다. 박사 학위 논문을 쓰면서 두 번 다시 박사 논문을 쓸 수 없겠다고 생각했지만, 아이를 키우면서 차라리 박사 논문을 한 번 더 쓰겠다고 생각했다. 일의 유무를 떠나 아이를 낳아본 사람이라면, 어떤 마음일지 공감하리라.

 출산과 동시에 육아라는 세상을 맞이했다. 갓난아기는 24시간 엄마를 필요로 한다. 그리고 엄마의 시간에는 밤과 낮이 없다. 나에게 가장 힘든 지점이 바로 24시간 풀가동 및 대기 상태라는 것이었다. 아이를 낳고 한 달 만에 링거 신세를 졌다. 다른 사람들에 비해 비교적 규칙적인 생활 습관과 취침 시간 및 기상 시간을 30여 년간 유지해서 살아오던 나는 언제든 깨어있어야 했고, 자고 싶어도 잘 수 없는 상황이 반복되었으며 내 일을 하지 못하는 것은 너무도 당연해져 버렸다.

매일매일 처음 경험하는 엄마라는 이름표를 달고 육아로 고군분투하느라 평소에 늘 읽던 책, 쓰던 논문들은 점점 내 생활에서 멀어졌고, 언제 글자를 읽어봤는지 언제 글을 써봤는지 희미해질 무렵, 글이 너무 쓰고 싶어졌다. 때로는 하기 싫지만 억지로 쓸 때도 있었는데 정작 아무것도 하지 못하는 상황이 되니, 글쓰기의 욕구가 간절해지기 시작한 것이다. 그 무렵, 이 책을 기획하게 되었다. 어린 아기와 주로 집안에 머물러 글쓰기에 대한 갈망이 점점 커지면서 내가 쓸 수 있는 글들에 대해 생각하기 시작했다.

천천히 내 삶의 자취를 돌아보기 시작했다. 내 삶에서 적어도 10년 이상을 글쓰기에 할애하고 있었다는 사실을 다시금 깨닫기 시작했다. 2012년부터 대학에서 글쓰기 강의를 시작했다. 어느 분야든 10년이면 프로이지 않는가. 그럼 나는 프로라고 할 수 있는가. 아니면 여전히 아마추어인가. 내 삶에서 글쓰기라는 것에 대해 스스로 성찰하고 공유하고 싶은 마음이 생겼다. 10년의 글쓰기를 반추하며 정리하고, 그리고나서 그 다음으로 도약해야겠다는 생각이 들었다. 그러면서 끄적이기 시작했다.

내 아이가 태어났을 무렵, 기획하고 끄적이던 글 조각들을 엮어서 아이가 6살이 되던 무렵 초고를 완성했다. 그 사이, 여러 가지 우여곡절을 겪고 출판을 하기까지는 이제야 완성이 되었다. 그 아이는 올해로 10살이 되었다. 10년간 아이를 키우는 일, 글을 쓰는 일, 연구 및 강의를 하는 일 등 모든 것을 함께 해내기가 녹록치 않았다. 하루하루 버티는 심정으로, 나에게 주어진 일을 겨우 해내며 지냈다. 어떤 것 하나도 잘 해내는 것이 없다는 사실이 늘 마음을 조여온다. 이 책도 수년이 지나 돌아보면 또 아쉬움이 남을 테지만(모든 글쓰기가 그러하다), 그럼에도 욕먹을 각오를 하고서라도 이 책을 세상에 내보내고자 한다. 나의 글쓰기는 끝이 없으니까. 이 책이 세상으로 나온 그 순간에도 여전히 나는 또 글을 쓰고 있으리라.

| 에필로그

저에게 이런 책을 쓸 수 있는 힘은, 글을 잘 쓰는 사람이라기보다는 글쓰기에 대한 현장 경험이 많기 때문입니다. 지난 10여 년 간 글쓰기 환경에 노출되어 지냈고, 아마 앞으로도 그러겠지요. 글쓰기는 누구에게나 어렵습니다. 글쓰기가 쉬운 사람은 없습니다. 작가들도 한 편의 글을 쓰기 위해 쓰고 또 쓰고, 고치고 또 고치며 역경의 시간을 거칩니다.

제가 만난 많은 학생들이, 작가들도 많은 고민을 한다는 것에 놀랐다고 말하였습니다. '작가'라는 직업을 가진 사람들이, 대중들에게는 글에 있어서는 '전문가'라고 느껴질 것입니다. 원래부터 잘 쓰는 사람은 없습니다. 그리고 잘 쓰는 사람들 역시 여전히 쓰는 중입니다. 그러니, 애초에 나에겐 능력이 없기 때문이라고 단정 짓지 마십시오.

글쓰기 강의에서 자주 사용되는 글 중에 하나가 스티브잡스의 '스탠포드대학 졸업식 연설문'입니다. 이 글은 단락의 구분 및 단락 요약문을 작성하는 훈련을 하는데 좋은 글 중에 하나입니다. 본문의 내용 중에 '점잇기'에 관한 이야기가 있습니다. 자신이 과거에 대학에 입학하고, 대학을 자퇴하고, 서체 수업을 청강했던 일들을 이야기 한 후 그것이 애플이라는 회사를 설립하는데 중요한 일이 되었다고 말합니다. 스티브잡스가 과거의 일들이 현재, 그리고 미래로 어떻게 이어질지는 아무도 모른다고 이야기한 것과 같은 비슷한 경험을 이 책을 쓰면서 했습니다.

집필을 하다 보니 글쓰기라는 하나의 키워드로 저의 삶이 관통하는 신기한 경험을 했습니다. 대학원에 진학하기 전까지는 제가 글을 쓰고 연구를 하고 강의하는 일을 평생의 업으로 삼게 될 것이라 전혀 예상하지 못했습니다. 하지만, 돌이켜 생각해보니 아주 어릴 때부터 글에 노출되어 있는 일들이 많았고, 제가 인지하지 못했지만 글과 가까이 살아왔고 그러한 일들을 좋아하며 지내왔다는 생각이 들더군요. 과거의 일들이 훗날 어떤 결과를 가져올지, 그 당시에는 알지 못했지만 스티브잡스의 '점 잇기'처럼, 지금 제 과거를 돌아보니 하나하나의 경험과 추억들이 점들로 서로 이어져 있었습니다.

이 책을 읽는 독자들에게, 이야기처럼 다가가고 싶은 마음에 '글쓰기 에세이'를 써보자 했는데 아직 부족한 부분이 많습니다. 제 10여 년을 정리하고 그것을 함께 공유하고 공감하고자 한 마음이 잘 전달되었다면 좋겠습니다. 또 앞으로 몇 년을 열심히 달려, 그때엔 지금보다 더 나은 작품을 내놓을 수 있도록, 여전히 학생들과 호흡하며 글쓰기 현장에서 체험하겠습니다.

  어느 학생이 〈처음부터 글을 잘 쓰는 사람은 없고, 평생 글을 못 쓰는 사람도 없다〉라는 제목의 글을 제출한 적이 있습니다. 글쓰기는 마음먹기에 따라, 얼마든지 가까워질 수 있다고 생각합니다. 지금 당장은 아니더라도, 여러분의 삶에서 글이 조금씩 가까워질 수 있도록 도움이 되고 싶습니다.